이미지로
읽는
한자

이미지로 읽는 한자

장세후 지음

연암서가

지은이 **장세후** 張世厚

경북 상주에서 태어나 영남대학교 중어중문학과를 졸업하고, 같은 대학 대학원에서 석사학위와 박사학위(『주희 시 연구』)를 취득하였다. 영남대학교 겸임교수와 경북대학교 연구초빙교수를 거쳐 지금은 경북대학교 퇴계연구소의 전임연구원으로 재직하고 있다. 2003년 대구매일신문에서 선정한 대구·경북지역 인문사회분야의 뉴리더 10인에 포함된 바 있다.
주요 역서로는 『한학 연구의 길잡이(古籍導讀)』(이회문화사, 1998), 『초당시(初唐詩, *The Poetry of the Early T'ang*)』(Stephen Owen, 中文出版社, 2000), 『퇴계 시 풀이·1~6』(이장우 공역, 영남대학교 출판부, 2006~2011), 『고문진보·전집』(황견 편, 공역, 을유문화사, 2001), 『朱熹 詩 譯註·1~2』(이회문화사, 2004~2006), 『퇴계잡영』(공역, 연암서가, 2009), 『唐宋八大家文抄-蘇洵』(공역, 전통문화연구회, 2012), 『춘추좌전·상』(을유문화사, 2012), 『춘추좌전·중』(을유문화사, 2013), 『춘추좌전·하』(을유문화사, 2013), 『도산잡영』(공역, 연암서가, 2013), 『주자시 100선』(연암서가, 2014) 등이 있다.

이미지로
읽는
한자

2015년 9월 20일 초판 1쇄 발행
2017년 8월 30일 초판 2쇄 발행

지은이 | 장세후
펴낸이 | 권오상
펴낸곳 | 연암서가

등 록 | 2007년 10월 8일(제396-2007-00107호)
주 소 | 경기도 고양시 일산서구 호수로 896, 402-1101
전 화 | 031-907-3010
팩 스 | 031-912-3012
이메일 | yeonamseoga@naver.com
ISBN 978-89-94054-75-9 03720

값 15,000원

한자와 한문을 의식적으로 배우고 가르친 지도 벌써 35년째이다. 먼저, 배우는 사람의 입장에 있을 때를 생각해 보면 대학 시절 가장 아쉬 웠던 것이 글자 풀이를 쉬우면서도 깊이 있게 해주는 경우를 별로 만난 적이 없었다는 점이다. 이를테면 칼(刀, 劍)이나 창(槍, 戈, 矛, 戟) 같은 무기 를 나타내는 한자가 나오면 그저 칼이고 창이라고만 풀이를 해주고 그 냥 넘어가곤 했던 것이다. 동사인 '보다'같은 경우도 마찬가지였다. 시 (視)는 뭐고 견(見)은 무엇인지. 그리고 간(看), 관(觀), 람(覽) 등등은……

조금 고학년으로 올라가 학과 선배들과 좀 더 가까이 지낼 기회가 있 었는데 당시 중국(대만)에서 유학하고 온 선배들과도 더러 만나게 되었 다. 내가 간간이 한자 얘기를 하면 그들은 전공을 최대한 살려 갑골문 등 의 자형(字形)을 가지고 지나가듯 한두 글자씩 알려주었는데 나도 모르 게 그 이야기에 쏙 빠져들게 되었다. 그런 식으로 알게 된 글자들이 보 (步)자나 즉(卽), 기(旣), 경(卿) 등과 같은 글자였다. 그때 느낀 점이 "한자 는 그 자체가 하나의 문화적 집적체"라는 것이었다.

한자와 그런 방식을 통해서 더 가까워지게 된 계기는 대학원에 진학 한 뒤부터다. 그때 만난 것이 캐나다 토론토 대학 동양학부 교수인 쉬

진슝(許進雄)의 『중국고대사회Ancient Chinese Society』다. 그 영향이 거의 절대적이었다고 할 수 있다. 당시만 해도 그 책은 대만의 중국어 번역본도 나와 있지 않았고, 캐나다 온타리오 박물관에서 영어로 발간한 책만 있었던 것으로 알고 있다. 당초 과의 선생님들과 선배들이 그 책을 윤독하고 있었지만 정작 내가 진학했을 무렵에는 이미 윤독이 끝난 상태였기 때문에 나는 참여할 기회가 없었다. 그러던 중 책으로 발간하기 위한 작업을 진행하면서 정리가 전혀 되지 않은 부분을 나도 한 장(章) 맡게 되었다. 당시 내가 맡은 부분은 제18장 「제사와 미신」이었으며, 그 결과 그 책은 벌써 오래 전에 출간되었고 당연히 독자들의 반응도 좋았다. 그 책은 내용도 좋았지만 장별로 뒤쪽에 이미지 자료를 풍부하게 수록하고 있는 것이 더 좋았다. 그 책과는 그런 인연 때문에 자못 정독을 할 수 있었고, 또 이런저런 이유로 몇 번을 읽었는데도 그때마다 참 좋았다는 느낌이 들었다.

세월이 좀 지나 배움의 시절이 끝나고 어느덧 나에게도 가르침의 기회가 주어졌다. 처음에는 그냥 내가 배웠던 방식으로 가르쳤다. 그런데 학생들의 반응이 영 시원찮았다. 하기는 나의 학창시절에도 그렇게 느꼈으니 이런 반응이 무리도 아니었을 것이다. 그러다가 우연히 한자 가운데 가장 간단한 형태인 상형과 지사에 해당하는 한자와, 보다 진화한 형태의 문자인 회의자를 공략하기로 했다. 갑골문을 그려가며 그 안에 들어 있는 변천 과정과 의미의 발전 과정 등을 얘기해 주었더니 많은 학생들이 받아들이는 자세가 달랐다. 그건 평생을 가정과 나라를 위해 봉사하다가 사회 일선에서 은퇴하고 말년을 한문 배우는 재미로 살아가는 노학생들에게도 마찬가지였다.

이렇게 배우고 가르치다 보니 어느 순간 한자의 자형이 아직 우리가 보고 있는 사물에 고스란히 남아 있는 것이 적지 않다는 것을 깨닫게 되었다. 그래서 이것을 가르치는 데 활용하면 참 좋겠다는 생각이 들었다. 이런 이유로 연전에 내가 관여하는 연구소(동양고전연구소)의 카페(http://cafe.daum.net/dong--yang)에 몇 자를 시험 삼아 사진과 이미지를 곁들여 가며 한자를 설명해 보았더니 반응이 매우 좋았다. 이에 용기를 얻어 이를 본격적으로 집필하여 미력하나마 많은 사람들이 한자에 대한 관심을 가질 수 있게끔 고취시킬 수 있도록 해보자는 데 생각이 이르렀다.

이 책을 읽으려면 우선 자주 나오는 자체(字體)와 관련한 용어부터 알아야 할 것이다. 다음에 간략하게 이에 대하여 우선 설명을 하고 넘어가겠다.

갑골문

갑골문(甲骨文) 청말의 왕의영(王懿榮)이 발견한 귀갑(龜甲: 거북껍질)과 수골(獸骨: 소 같이 큰 동물의 뼈)에 새긴 글자. 은나라 시대의 문자로 복사(卜辭), 즉 점을 친 내용을 수록하였으며, 글자를 딱딱한 재료에 뾰족한 도구로 새겨 획이 날카롭다는 것이 특징이다.

금문

금문(金文) 제사를 지낼 때 쓰는 기물인 종(鐘)과 정(鼎)에 새겨진 글자이므로 종정문(鐘鼎文)이라고도 한다. 음각과 양각이 다 존재하는데, 양각의 경우는 제사를 지낸 후 바로 새기지 않고 추후에 제작을 한 것이다. 상나라와 주나라 때의 자형이 대부분이며 장식성이 많고 문자가 정형화되는 데 많은 기여를 하였다.

금문대전

대전(大篆) 춘추전국시대 때 진(秦)나라에서 통용하던 자형이다. 금문에 비해 글자가 조금 작고 통통한 특징을 띤다. 이를 기초로 표준 자체를 만들어 통일한 문자가 바로 소전이다.

소전

소전(小篆) 진(秦)나라 때 육국을 통일하고 문자 통일을 할 때 만든 문자이다. 한나라 때 허신(許慎)이 최초로 부수별로 배열하고 수록한 자전인 『설문해자(說文解字)』에서 적용한 자체이다. 왕의영에 의하여 갑골문이 발견되기 전까지 문자학의 기초가 되다시피 한 자체이다.

해서

해서(楷書) 한나라 말기에 등장하여 지금까지 표준으로 쓰이고 있는 자체이다. 현재의 한자는 기본적으로 모두 이 자체를 쓴다.

소전과 해서 사이에는 예서(隸書)도 있다. 그러나 예서와 해서는 기본적으로 획수와 모양이 같다. 자체에 있어서 해서가 직선인 데 비해 예서는 다만 아직 획이 약간 구불구불하여 도화적인 요소를 완전히 떨쳐내지 못한 점만이 조금 다를 뿐이다. 그런 이유에서 이 책에서는 예서는 고려하지 않았다. 금문과 대전의 경우에도 자체의 변화가 느껴지지 않을 정도로 똑같은 형태일 경우에는 후자인 대전의 자체는 싣지 않았다. 이런 각종 자형은 위에서 언급한 『중국고대사회』를 낼 때만 해도 모두 손으로 일일이 그려 넣어야 했는데 지금은 이들을 지원하는 웹사이트들이 많아 매우 편리하다.

또 한 가지 언급하고 넘어가야 할 것은 한자의 육의(六義)이다.

육의는 상형(象形)과 지사(指事), 회의(會意)와 형성(形聲), 그리고 전주(轉注)와 가차(假借)를 말한다. 육의의 명칭은 『설문해자』를 지은 허신(許愼)의 것을 따랐고, 순서는 『한서(漢書)』를 지은 반고(班固)의 것을 따랐다. 초도문자인 상형과 지사를 문(文)이라 하고 합체자인 회의와 형성을 자(字)라고 한다. '설문해자'는 더 이상 분석을 할 수 없는 문에 해당하는 상형과 지사는 설명을 하고, 분리를 할 수 있는 자에 해당하는 회의와 형성은 푼다는 뜻이다. 전주는 비슷한 유형의 한자끼리 뜻을 전용(轉用)해서 쓰는 것이고 가차는 뜻이나 음을 빌려와서 쓰는 것이다. 가차와 전주는 아직 확정적인 정의가 없는 상태로 학자들마다 주장이 다르며 실제 조자(造字)의 원리에 들어가지 않고 운용(運用)하는 방법이다. 따라서 이 책에서는 상형과 지사, 그리고 회의자까지만 다룬다는 점을 밝혀둔다.

한문이나 한자를 어느 정도 아는 사람들이라도 위의 설명만을 가지고는 이해하기 어려운 점이 많을 것이다. 그러나 이 책을 읽다 보면 자연스레 설명이 반복되어 절로 한자에 대한 지식이 늘어날 것이다.

또 한 가지 어려운 점은 글자에 대한 설명이다. 한자가 처음으로 이 세상에 모습을 드러낸 것은 지금부터 3,300~3,400년 전일 것으로 추정되고 있다. 갑골문은 이제 발견된 지 겨우 116년밖에 되지 않았다. 서기 100년경에 성립된 허신의 『설문해자』는 무려 1,900년 이상 한자 해석의 텍스트로 군림해 왔다. 이런 『설문해자』도 수록자는 9,353자밖에 되지 않는다. 그리고 표준 자형으로 채택한 것은 위에서 말했듯이 소전이었다. 여기서 다시 1,500년이나 거슬러 올라가 처음에 어떤 의도로 이 한자가 만들어졌는가를 밝히는 작업은 결코 쉽지 않다. 이는 결국 처음에 한자를 만든 사람이 깨어나 일일이 설명해 주지 않으면 절대로 그 원래의 뜻을 파악할 수 있는 길이 없다는 것을 뜻한다. 지금 그 뜻이 밝혀진 글자들도 대부분은 '추측'에 의한 것이다. 그래서 많은 경우에 일치된 견해를 보이고 있긴 하지만 여기서 조금만 더 깊이 들어가면 많은 문자학자들이 각기 나름의 생각을 가지고 해설을 하여 견해가 일치되지 않고 있는 것이다. 그러나 이런 문제에 너무 깊이 집착을 하면 지나치게 전문적인 문자학 서적이 될 것이므로 여기서는 그간 있어 왔던 풀이 방식을 이미지를 곁들여 비교적 폭넓게 수용하여 설명하려고 노력하였다.

글자의 풀이를 이미지와 결부시키려고 하니 많은 제약이 따르는 것이 사실이다. 글자가 만들어진 원리는 분명히 알지만 이를 설명해 줄 수 있는 이미지를 찾으려고 할 때 사실상 없는 경우가 많기 때문이다. 그래도 주변에서 쉽게 이미지를 찾아 자원을 밝혀 줄 수 있는 글자들을 나름대로 최대한 찾아내어 설명을 붙여 일단 책으로 한번 엮어 보았다. 이미지는 저자가 직접 촬영을 한 것을 쓰는 것을 원칙으로 삼았으나 부득이한 경우는 다른 사람의 이미지를 차용하였음을 밝힌다.

앞에서 언급했듯이 한자는 한 글자 한 글자가 모두 중국의 5,000년 역사가 담겨 있는 문화가 집적된 코드라고 보면 된다. 그러므로 이미지에서 한자를 추출한다면 현대의 독자들에게 한자, 나아가 한문에 접근하는 데 큰 도움을 줄 수 있을 것이라고 생각한다.

35년을 배우고 가르치면서 고민했던 문제들을 생각해 보았다. 어느 순간 문자, 곧 한자와 겹쳐 보이는 이미지가 눈에 띄게 되었다. 이에 처음에는 별 생각 없이 내가 속한 카페에서 한 글자씩 간헐적으로 정리를 해서 올려보았다. 시간이 흐르고 노력도 쌓여 가면서 독자들의 호응이 좋다는 것을 알게 되었다. 그러면서 작업 계획이 점점 구체화되어 갔고,

이 책은 이러한 작업의 결과물로 나오게 되었다.

 이 책이 나오기까지 감사를 드려야 할 분들이 많다. 먼저 카페의 연재를 읽고 호응으로 격려를 해주신 분들과 댓글 등을 통하여 의견을 주신 분들께 감사드린다. 그리고 이런 작업의 가치를 인정하고 선뜻 출판을 결정해 준 연암서가 권오상 대표님께 감사드린다. 권 대표님은 내가 카페에 한 꼭지씩 올릴 때마다 꼼꼼히 읽어보고 꼭 연락을 하여 의견을 주고받으며 견해를 피력해 주었다. 또한 자주 내 원고를 교열해 주는 동화작가인 누나 장세련 선생이 이번에도 원고를 읽어 주었는데, 전반적으로 훑어봐 주고 어색한 부분을 많이 가다듬어 주었다. 역시 이 자리를 빌려 감사의 뜻을 전한다. 그 외에 나의 작업을 지켜봐 주시고 격려해 주신 모든 분들께 지면을 통하여 감사드리는 바이다.

2015년 가을이 오는 길목

대구 매호동에서 장세후

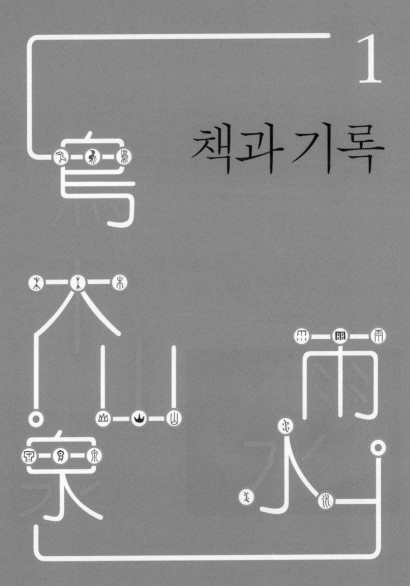

1

책과 기록

거북과 갑골문: 들어가면서

龜, 卜, 占

일전에 미국에서 6·25 때 가져간 국보급 옥새를 반환할 예정이라는 뉴스가 있었습니다. 금으로 된 거북 장식 옥새입니다. 거북은 장수를 상징하기 때문에 으레 왕가의 장식물 중 하나를 차지하지요. 십장생(十長生)에 드는 것은 물론이고요.

이 거북은 한자로 龜라고 합니다. 음은 귀, 구, 균 세 가지로 납니다. 귀는 말 그대로 거북이라는 뜻으로 쓰입니다. 구는 원래 서역의 구자국(龜

玆國)이라는 나라를 표기할 때 음을 빌려 쓰면서 생긴 발음입니다. 구자국은 실크로드 상에 있는 사막 도시인데 지금은 쿠처(庫車)라고 합니다. 구자-쿠처, 지금도 음이 비슷하지요? 그런데 우리나라에서는 엉뚱하게 지명은 물론이고 인명으로 쓸 때도 무조건 '구'라고 읽을 것을 강요하다시피 합니다. 지명인 구미, 구암, 인명인 영구 같은 경우가 대표적이지요. 그러나 지명이라도 실제 유래가 거북과 관련이 있으면 귀라고 읽어주는 것이 맞습니다. 구미(龜尾)는 거북 꼬리 모양이니 귀미가 맞고, 구암(龜巖)도 거북 바위에서 유래 하였으니 귀암이 맞습니다. 그러나 오랜 세월 그렇게 써왔으니 되돌리기가 힘들지요. 다만 한자에 대한 식견이 있는 사람들은 원리가 그렇다는 정도는 알아두는 것이 좋겠습니다. 그리고 균으로 읽힐 때는 '갈라지다', '터지다'라는 뜻을 가지고 있지요. 『장자』에 대대로 세탁업에 종사하면서 물에 오래 손을 담가도 손이 트지 않는 약을 개발한 사람의 이야기가 나옵니다. 이렇게 손이 터지지 않는 약을 '불균수지약(不龜手之藥)'이라고 합니다. 또한 거북 등처럼 갈라지고 터지고 하는 것을 한자로는 균열(龜裂)이라고 하지요.

　음은 그렇다 치더라도 이런 뜻이 생겨난 것은 거북 등 모양이 그렇게 갈라진 데서 나왔습니다. 가뭄 끝에 논이 마르면 뉴스에서 "거북 등처럼 말라서 갈라진 논"이라고 그러잖아요.

그런데 이 '거북 귀'자는 머리가 위로 가고 등이 오른쪽으로 가도록 세워놓은 모양입니다. 옛날에는 요즘처럼 가로쓰기가 아닌 죽간(竹簡), 목독(木牘) 같은 세로쓰기 노트를 사용했거든요. 가로쓰기를 할 경우야 가로로 긴 것도 얼마든지 그려내겠지만 세로 노트에 가로로 길게 쓰기는 불편하기 때문에 이렇게 변형된 것이지요. 말(馬)과 코끼리(象), 돼지(豕) 같은 동물을 나타내는 글자가 모두 세로로 세워진 글자들입니다. 반면 원래 세로로 길게 생긴 글자들은 눕힐 필요는 없겠죠? 식물들을 나타내는 글자들이 그 예들인데, 벼(禾)와 나무(木), 꽃(華) 등과 같은 것이 있습니다. 그럼 거북을 한번 세워 볼까요?

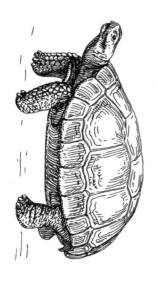

어때요 많이 닮았나요? 그러면 이번에는 '거북 귀(龜)'자를 최대한 확대해서 한번 비교해 보도록 하겠습니다.

아, 그만 글자가 누워 버렸네요. 이 글자는 위의 사진과 비교를 해보아야 할 것 같습니다. 그런 것 같기도 하죠? 머리, 다리, 등 그리고 꼬리의 모양이 아직도 글자에 확연히 남아 있습니다. '거북 귀(龜)'자의 시대별 자형은 다음과 같습니다.

거북귀(龜)

갑골문　　　금문　　　금문대전　　　소전　　　해서

거북이 등을 보이며 헤엄치는 모습입니다. 이 글자를 보면 금문의 모습과 똑같습니다. 옛날 중국에서는 갑골점(甲骨占)이 가장 권위가 있었지요. 갑골이란 말은 귀갑(龜甲), 즉 거북 등껍질과 수골(獸骨), 곧 소 등과 같은 큰 동물의 뼈라는 뜻입니다. 이곳에 동전 형태의 얇고 둥근 홈과 대추씨 형태의 세로로 깊고 좁은 홈을 파서 가장 얇아진 부분을 불로 달군 쇠꼬챙이 따위로 지졌습니다. 둥근 형태의 홈을 작(灼)이라고 하고 대추씨 형태의 홈을 찬(鑽)이라고 합니다. 그렇게 해서 생긴 균열(龜裂)을 점을 주관하는 사람이 읽었습니다. 그 균열이 바로 '점 복(卜)'자이고, 점괘를 설명해 주는 입을 그린 것이 바로 '점 점(占)'자입니다.

위의 두 사진은 같은 갑골편을 앞뒤로 찍은 것입니다. 앞의 것은 좁고 깊은 홈과 둥글고 얕은 홈을 파서 불로 지진 흔적을 그대로 보여 주고 있습니다. 뒷면은 글자가 새겨져 있는데 이 글자는 점을 본 결과를 적어 놓은 것입니다. 물론 점괘를 풀이하는 사람의 입을 통해서 나온 괘이겠지요. 이 갑골편에는 '점 복(卜)'자가 두 개 보입니다.

점 복(卜)

| 갑골문 | 금문 | 금문대전 | 소전 | 해서 |

　그러나 뭐니뭐니해도 갑골점 하면 제일 먼저 떠오르는 것은 아무래도 거북점인 귀갑이겠지요. 사실 거북의 등은 너무 단단해서 점을 치는 도구로 별로 사용되지 않았고 위의 사진처럼 거북의 배딱지를 주로 썼습니다. 중간에 선이 보이는데 이 선을 천리로(千里路)라고 합니다. 이런 배딱지에는 최대 약 70번 정도 지진 흔적이 있다고 합니다. 점괘는 위와 같이 기록하는데 천리로를 중심으로 좌우 대칭이 되도록 많이 기록을 하였습니다.

점 점(占)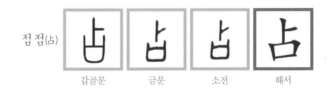

| 갑골문 | 금문 | 소전 | 해서 |

점을 친 기록인 이 갑골문은 19세기도 다 저물어가던 1899년에 왕의영(王懿榮)이라는 학자가 감기 몸살에 걸렸을 때 지어 온 약재에서 발견했다고 합니다. 그 약재는 용골(龍骨)이라고 했는데 땅에 묻힌 갑골을 잘게 부순 것이었습니다. 이 작은 감기 몸살로 인해 중국의 문자학은 근본적으로 싹 바뀌게 됩니다. 이전까지 절대적인 표준이었던 한(漢)나라 소전(小篆)의 자형을 기본자로 채택한 허신(許愼)의 『설문해자(說文解字)』가 졸지에 무용지물이 되다시피 한 것입니다. 그러나 아직도 온 길보다는 가야 할 길이 더 많다고 합니다. 갑골편에서 발견된 한자가 약 5,000자인데 그 중 확실하게 판독이 된 글자는 아직까지 겨우 1,000여 자로 3분의 1에도 미치지 못한다고 합니다. 그러니 저 위의 갑골문을 읽지 못하는 것은 어쩌면 당연할 수가 있으니 기죽을 필요가 하나도 없습니다. 이 책에서도 사진과 위로는 갑골문을 가지고 알아볼 것입니다. 점복(占卜)의 도구로 중국에서 유례없는 수난을 당한 거북을 통해 우리는 과거의 문자, 문화에 대하여 많은 것을 알게 되었습니다. 자, 그러면 재미있는 한자의 세계로 여행을 떠나 볼까요?

책

冊, 刪, 典

옛날 책은 어떻게 생겼을까요? 바로 앞에서 문자에 대하여 알아보았으니 책의 모습이 어떻게 바뀌어 왔는지 한번 알아보는 것도 재미있을 것 같습니다.

옛날에는 노트가 요새와는 달리 세로의 형태를 띠었습니다. 종이가 발명되기 전까지는 노트의 한 줄이 곧 저런 형태를 띠었죠. 저런 노트 한 줄은 곧 대나무나 나무쪽으로 만들었습니다. 대나무로 만든 것을 죽간(竹簡: 대쪽)이라 하였고, 나무로 만든 것은 목독(木牘: 나무쪽)이라 하였죠. 이를 줄여서 간독(簡牘)이라 하는데 지금도 서간이니 간찰, 서독이니 하여 글(주로 서찰)

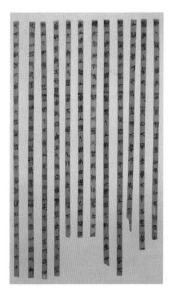

이란 뜻으로 쓰입니다. 간독은 하나를 만들려면 대나무나 나무를 자르고 진을 빼는 작업을 해야 합니다. 그것을 살청(殺靑) 또는 한간(汗簡)이라 했습니다. 그뿐만 아니라 글씨를 쓰기 좋게 표면을 다듬고 닦아야 했고…… 그러나 이런 간독은 보관하는 데 문제가 많았습니다.

그런 점을 용이하게 하기 위하여 가로로 이어서 끈으로 묶었습니다. 그것을 위(韋)라고 하였습니다.

위(韋)는 보들보들하게 무두질한 가죽끈을 일컫습니다. 원래의 의미는 길에서 발자국이 서로 다른 방향으로 어긋난다는 뜻이었습니다. 이 가죽끈을 가지고 서로 어긋나지 않게 묶는 데 썼기 때문에 의미가 확장되어 가죽끈에서 가죽이란 뜻까지 생겨나게 되었습니다. 공자가 만년에 『주역』을 읽느라 가죽끈이 세 번 끊어졌다는 '위편삼절(韋編三絶)'의 고사는 유명하죠. 그런데 요즈음 그렇게 많은 간독이 발굴되어도 실제로 간독을 엮은 끈이 가죽으로 된 것은 하나도 발견되지 않았다는 게 문제입니다. 그래서 이 위자는 아마 가로 위(緯: 원래는 베틀에서 가로 방향으로 짜이게끔 넣는 씨줄)자와 통용해서 썼을 것이라는 해석이 나오게 되었습니다. 곧 위자는 간독을 엮은 방향이 세로가 아니라 가로라는 것을 나타낸다는 것입니다.

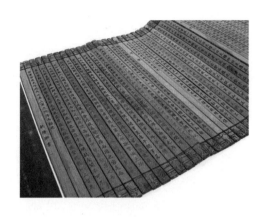

 저렇게 하나하나 글자가 쓰인 간이나 독을 엮으면 위의 모양이 됩니다. 언뜻 보기에 간독에 쓰인 글씨가 무질서할 것이라는 생각이 들 수도 있겠지만 연구 결과 간독 1쪽에 적힌 글씨는 보통 30~40자 정도였고 최대 50자가 대부분이었다고 합니다. 그러나 간독마다 들쭉날쭉하게 쓴 것이 아니고 나름대로 일정함을 유지하고 있습니다. 요즘 선장본의 한 칸이 바로 보통 18~23자(字)로 되어 있으니 그런 전통이 쭉 이어져 온 것임을 알 수 있습니다. 위 사진이 지금의 선장본과 아주 비슷한 모양이라는 것은 척 보면 알 수 있을 것입니다.

완성된 책은 위와 같은 모습을 하였습니다. 요즘 중국에 가면 관광지와 공항의 면세점 등지에서 많이 볼 수 있는 죽간 서적입니다. 죽간의 값이 생각보다 만만치 않더라구요. 이렇게 완성된 책은 보관하는 것이 가장 문제였습니다. 가장 좋기는 위의 사진처럼 둘둘 말아서 보관하는 것이죠. 이것을 권(卷)이라 하였습니다. 일설에는 권은 책의 다른 재료인 비단을 말아놓은 것이라고도 하고 간독을 말아 놓은 것은 편(篇: 대 竹부임에 주의)이라고 한답니다. 이렇게 말아서 보관을 하면 좋긴 좋은데 내용이 길면 문제가 됩니다. 『노자』처럼 5,000자 정도에 그치는 책이라면 아무 문제가 없겠습니다만 『사기』같이 52만 6,500자나 되는 책은 하나의 두루마리, 곧 1권으로 만들기에는 문제가 많겠죠. 그래서 편폭이 긴 책은 여러 권으로 나누어 만들게 되었는데 요즘과는 개념이 좀 다릅니다. 종이가 발명되면서 책 1권에 죽간 여러 권의 내용이 들어가게 될 정도로 기술이 발달되었습니다. 이런 경우 『사기』를 예로 들면 중화서국판의 경우 130권이 10권으로 나누어 들어가는데 이를 130권 10책이라고 합니다. 옛날 사람들이 한 2,000책만 가지고 있으면 만권당이라고 하는 것은 다 이유가 있는 것입니다. 실제 퇴계는 도산서당에 1,500책 내외의 책을 보관하고도 만권당이라고 자처하였다는 기록이 있습니다. 간독 하나의 두께는 2~3mm, 폭은 0.5~1cm 정도입니다. 평균적으로 폭을 0.75로 잡고 선장본의 1판에 해당하는 20을 곱하고, 다시 50을 곱하면 대략 권당 750cm 정도의 길이가 될 것 같습니다. 하지만 실제로는 권당 적게는 10~30개 많으면 40~50개 정도의 간독을 엮어서 하나의 두루마리, 곧 1권으로 하였다고 합니다. 그러니 옛날의 1권은 선장본 1권과는 큰 차이가 있었음을 알 수가 있습니다. 선장본을 기준으로 하면 1판(板)에 20간이 들어가는 셈이니 옛날 1권은 많아야(50簡) 선장본 2판 반 정도였음을 알 수 있습니다.

　이렇게 만든 책들은 위와 같이 서가에 보관을 하였습니다. 이는 영화 〈영웅〉에 나오는 조나라의 도서관 장면을 보면 잘 나오죠. 거기서는 이런 서가에 보관하는 것이 아니라 장작을 쌓듯 가로세로로 엇갈리게 쌓아 놓았죠. 한 권만 있으면 제목을 쓰지 않아도 내용을 알 것이고, 단층으로만 있으면 말아 놓은 권(卷)의 겉(그러니까 내용을 쓴 반대쪽)에다 책 제목을 써놓아도 아무런 문제가 없을 것입니다. 그런데 위와 같이 저렇게 여러 겹으로 쌓아놓을 경우에는 책의 제목을 쓴 표식을 중심부에 실로 엮어 밖으로 드리웠습니다. 그것이 바로 첨(籤)이라는 것입니다. 우리말로는 '찌'라고 하는데, 추첨이라고 할 때의 바로 그 글자입니다. 이렇게 간독을 끈으로 엮어서 책을 만든 한자가 '책 책(冊)'자인데 고문자에서는 다음과 같은 형태로 나타납니다.

책 책(冊)

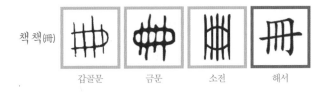

| 갑골문 | 금문 | 소전 | 해서 |

갑골문에서는 간독의 길이가 들쭉날쭉한 모습이 그대로 표현되었습니다. 그리고 소전에 와서는 좀 더 정제된 모습으로 바뀌었습니다. 그런데 이렇게 책을 쓰다가 틀렸거나, 아니면 쓰여진 책에서 글자가 잘못된 것이 발견되면 어떻게 해야 할까요? 당연히 지워야 할 텐데 요즘처럼 좋은 종이에 지우개나 수정액 같은 것이 있는 것이 아니었으므로 이런 경우에는 해당 글자를 간독에서 깎아내야 했습니다. 아래처럼 생긴 칼로 말입니다.

이 칼이 바로 서도(書刀)라고 하는 것인데 서기에 해당하는 말단 관리들의 필수품이었습니다. 그래서 이런 서도나 붓 같은 문방구를 늘 지니고 다니는 말단 관리들을 도필리(刀筆吏)라고 하였습니다. 보통 가로로 긴 헝겊 같은 데다가 붓과 간독, 서도 등을 함께 넣고 둘둘 말아서 휴대하였습니다. 이렇게 간독에서 잘못된 글자를 깎아내는 형태의 글자가 다음의 '깎을 산(刪)'자입니다.

깎을 산(刪)

금문대전　　　소전　　　해서

그러나 시대가 지나면서 더이상 간독을 깎아내어 수정을 할 일이 없게 되면서 '깎을 산(刪)'자는 꼭 간독의 글자를 깎아내는 뜻으로만 쓰이지 않고 어떤 사물의 일부를 잘라내거나 버린다는 뜻으로도 쓰이게 되었습니다. 산삭(刪削), 산거(刪去) 등과 같이 말입니다.

　책 가운데는 중요도가 상당히 높은 책들이 있게 마련입니다. 요즘도 일회성으로 읽는 소설 같은 것이 있는가 하면 곁에 두고 오래오래 참고를 하여야 할 책 같은 것이 있는 것처럼 말입니다. 이런 책들은 아주 소중히 다루어야 했죠. 두 손으로 공손하게 다루어야 했는데 바로 아래의 그림과 같습니다.

　사진으로 보면 다음과 같겠죠?

아니면 일반 책들과 함께 서가에 꽂아 놓지 않고 특별히 서안이나 받침대 같은 것을 만들어 늘 비치하기도 했습니다. 이런 중요한 책을 한자로는 전(典)이라고 하였습니다. 훈은 '법'이라고 하는데 법으로 여겨질 만큼 중요하다는 뜻이지요. 이렇듯 중요한 책들에는 모두 전(典)자를 써서 격을 높여 부르게 됩니다. 이에 해당하는 예로는 경전(經典)이나 법전(法典), 고전(古典) 같은 것들이 있습니다. 중국에서 가장 중요시한 유가의 경전(經典)에는 바로 13경(經)이 있지요.

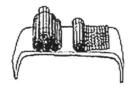

'법 전(典)'자의 옛 자형은 다음과 같이 표현되었습니다.

| 법 전(典) | 갑골문 | 금문 | 금문대전 | 소전 | 해서 |

갑골문에서는 두 손이 간독을 엮은 책의 양 옆에 있는 형태입니다. 그러다가 금문부터는 손이 책의 밑으로 와서 책을 떠받치는 모양을 나타내게 되었습니다. 책과 손 사이에는 받침대 같은 것도 표현이 되어 있고요. 그러다가 소전에 오면 책을 손으로 받치고 있다기보다는 궤안에 올려놓은 듯한 형태를 띠고 있습니다. 지금의 전(典)자와 많이 가까워졌는데 갑골문과는 조금 차이가 있어 보입니다.

붓

聿, 筆, 書, 律, 建

옛날 중국은 물론 동아시아에서 공히 필기구로 썼던 붓입니다. 여타 나라에서도 필기가 비싼 값에 경매에 나오는 것을 간혹 보게 되지만 그 것은 어디까지나 역사적 의의가 있는 필체여서입니다. 그러나 글씨만 잘 써도 그 자체가 예술이 되는 유일한 필기가 바로 붓글씨일 것입니다. 그래서 나라별로 서법(書法)이니 서예(書藝)니, 서도(書道)니 하면서 아직까지 저변이 굳건한 예술로 남아 있는 것입니다. 여기서는 그 붓에 관련된 글자들을 한번 살펴보도록 하겠습니다.

　서예를 해보신 분들은 알겠지만 붓을 잡는 방법은 위의 그림과 같습
니다.

　사진으로 보면 위의 모습이 되겠지요.
　원래 붓은 한자로 율(聿)이라고 하였는데 바로 손으로 붓을 쥔 모습을
표현한 것입니다.

우리가 지금 쓰고 있는 붓을 나타내는 필(筆)자는 율(聿)자가 붓이란 뜻보다는 조사로 쓰이게 되면서 재료인 '대 죽(竹)'자를 형체소로 받아들여 생겨난 글자입니다. 원래 뜻을 나타내었던 율은 음소로 바뀌어 근사한 음인 필자가 탄생한 것이지요. 붓은 굉장히 중요한 글자였던 듯 갑골문에서 이미 그 모습을 드러내고 있습니다. '붓 필(筆)'자는 요즘 중국에서 간체자로 쓰고 있는데 모양이 재미있습니다. '대 죽(竹)' 밑에 '털 모(毛)'자를 씁니다. 제일 위의 사진을 보면 붓은 대나무 대롱에 털을 묶어넣은 것임을 알 수 있습니다. 간체자는 한자의 원형을 파괴한 것이 많은데 이렇게 회의자로 새로 구성한 간체자는 재미있는 것이 많습니다.

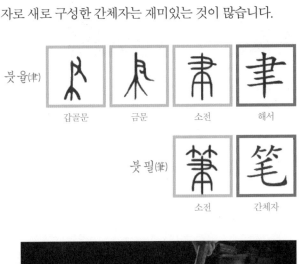

붓 율(聿)

갑골문　　금문　　소전　　해서

붓 필(筆)

소전　　간체자

붓을 잡고 멋지게 글씨를 쓰는 모습이네요. 이렇게 붓으로 글자를 쓰려면 제일 처음 해야 할 일이 바로 벼루에다 먹을 간 후 붓으로 먹물을 듬뿍 찍는 것이겠지요. 아래의 사진처럼 말입니다.

이렇게 붓으로 벼루의 먹을 찍는 모습을 표현한 한자가 바로 '글 서(書)'자입니다. 위의 모습은 '붓 율(聿)'자의 뜻이고 아래의 왈(曰)자는 벼루를 나타냅니다.

중간의 점들은 붓으로 먹을 듬뿍 묻혀서 먹물이 튀는 것을 나타냅니다.

글 서(書)

금문대전   금문   소전   해서

위의 옛 글자들을 가지고 볼 때 글 서(書)자의 첫 번째 뜻은 바로 붓으로 기록한다는 뜻입니다. 그러다가 편지나 글 같은 붓으로 기록해 놓은 것도 서(書)라고 하게 되었습니다. 최종적으로 그 기록물을 한데 모아 제

본해놓은 것, 곧 책도 서(書)라고 하게 되었습니다. 그러니까 서(書)자의 뜻은 ① 기록 ② 기록물인 편지나 글 ③ 그런 기록물을 모은 책이란 뜻으로 점점 확장되어 간 것입니다. 다음에서는 붓을 가지고 하는 일들을 나타낸 글자들을 한번 살펴보겠습니다.

그림 화(畵)

위 그림 화(畵)자는 붓으로 무늬를 그리고 있는 모습에서 나온 글자입니다.

법 률(律)

위 '법 률(律)'자는 사거리의 일부인 '자축거릴 척(彳)'자와 '붓 율(聿)'자를 그린 것입니다. 바로 도로를 설계하고 있는 토목기사의 모습을 그린 것이지요. 예나 지금이나 도로는 매우 중요해서 설계 도면대로 그리지 않으면 큰 사고가 나게 마련이었습니다. 그레서 여기에서 법이란 뜻이 나오게 되었습니다.

세울 건(建)

금문　　　금문대전　　　전서　　　해서

　위의 글자는 '세울 건(建)'자인데 '붓 율(聿)'자와 '자축거릴 척(彳)',
'그리고 그칠 지(止: 갈 之의 뜻임)'자가 결합한 모양의 글자입니다. 그래서
이 건(建)자는 율(律)자처럼 설계 도면대로 행하는 모습을 그린 것으로
생각됩니다. 허신의 『설문해자』에서는 "조정의 법을 세우는 것"이라 하
였는데 아마 건축하다는 뜻이 먼저 생겼을 것입니다.

정(鼎)

鼎, 員(圓), 則, 敗, 貞

중국 절강성(浙江省) 소흥(紹興)에 가면 대우릉(大禹陵)이 있습니다. 소흥은 바로 옛날에 회계(會稽)라고 부르던 곳입니다. 이곳은 유명한 「난정기」를 지은 서성(書聖) 왕희지(王羲之)의 난정(蘭亭)이 있는 명승지입니다. 뿐만 아니라 우임금이 치수를 끝내고 중국을 구주(九州)로 구획한 곳으로 더 유명합니다. 이때 우임금은 구주에서 공물로 바친 쇠를 가지고 아홉 개의 큰 솥을 만듭니다. 그래서 대우릉에 들어가면 이렇게 아홉 개의 솥을 만들어 전시한 것을 볼 수 있습니다. 이 아홉 개의 솥을 구정(九鼎)이라고 합니다.

정(鼎)은 종묘에서 제사지낼 때 희생 제물을 담는 기물, 곧 종묘의 제기로 쓰였기 때문에 나중에는 한 나라의 정권, 사직을 가리키는 말로 쓰이게 되었습니다. 보통 입은 하나고 발은 셋입니다. 세 세력이 어느 한쪽으로 치우치지 않고 힘의 균형을 이루면 우리는 정립(鼎立)했다고 합니다. 삼국시대에 위·촉·오 세 나라가 솥발처럼 버티어 선 것처럼 말이죠. 그러나 정은 사각형으로 된 것도 있고 해서 모양이 일정치 않았습니다. 반면에 밥을 해먹는 솥은 '과(鍋)'라고 합니다. 이제는 우리나라에서도 많이 일반화된 음식인 샤브샤브를 중국에서는 '훠궈(火鍋)'라고 하죠.

위의 정은 역시 대우릉에 있는 것인데 돌로 만들었습니다. 표면에 '우정(禹鼎)'이란 글씨를 써서 새기고 색을 넣었습니다. 모양은 사각형으로 되어 있고, 청동으로 만든 출토품은 아래의 사진과 같습니다.

모양만 사각형일 뿐 정에서 볼 수 있는 특징은 다 가지고 있습니다. 중앙에 코 같은 것이 있고 양 옆으로 눈 모양의 문양이 있는데 이것을 '도철(饕餮)'이라고 합니다. 그리고 자세히 보면 안쪽 표면으로 글자를 새긴 것도 보입니다. 정은 제기이니까 글의 내용은 당연히 제사를 지내게 된 경위 같은 것을 밝힌 것이겠지요. 이렇게 청동 기물에 새긴 글씨를 '금문(金文)'이라 하고, 갑골문과 소전 사이에 위치하는 금문과 금문 대전이 모두 이런 자형에 속합니다. 날카로운 칼 같은 것으로 새긴 갑골문에 비해 글자가 많이 도톰하게 생겼습니다. 그리고 양각으로 새긴 것도 있는데 이런 경우는 추후(제사를 지낸 후)에 제작한 것이고 문자가 정형화하는 데 큰 역할을 하게 됩니다.

그야말로 세발 솥인 '정(鼎)'입니다. 다리 위쪽의 몸통에도 도철 문양이 있지만 다리에도 도철 문양이 있다는 것을 알 수 있습니다. 양쪽에 있는 손잡이는 솥귀라고 하는데 한자로 '현(鉉)'이라고 합니다. 맹약을 할 때 맹주가 솥귀를 쥐게 됩니다. 아래쪽에 있는 세 발은 당연히 솥발이라고 합니다.

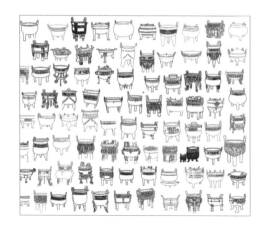

위에 예를 든 경우 외에도 정은 이렇게 종류가 많습니다. 나라마다, 제사의 성격에 따라서 제각기 다른 정을 사용하게 되었기 때문이지요.

한자 정(鼎)은 바로 제기인 정을 나타낸 것입니다. 금문까지는 문자화하는 과정에서 발이 두 개로 줄었지만 희생 제물을 담는 부위와 솥귀까지 표현이 되어 있습니다. 그러다가 소전에 와서 현재 우리가 쓰는 형태와 같게 되었습니다. 소전에서는 솥귀가 보이지 않네요.

이번에는 안이 좀 보이도록 찍힌 정을 한번 보도록 할까요. 솥의 주둥이가 둥글게 보입니다.

이 정(鼎)자는 회의(會意)문자로 쓰일 때는 모양이 간략화되어 패(貝)자처럼 쓰이는 경우가 많이 있습니다. '인원 원(員)'자가 바로 그 모양인데 위의 '입 구(口)'자는 정의 둥근 주둥이를 나타냅니다. 사람도 입이 하나고 따라서 사람의 수효를 셀 때도 이 글자를 사용하게 되었습니다.

인원 원(員)

갑골문   갑골문   금문   소전   해서

솥의 위에 있는 둥근 원이 바로 솥의 주둥이를 나타내었습니다. '인원 원(員)'자는 갑골문이 두 개의 형태로 보입니다. 앞의 글자는 둥근 솥, 뒤의 글자는 모난 솥을 나타내는 것 같습니다. 둥글든 모가 났든 입은 하나이니까 어떤 글자를 쓰더라도 의미의 차이는 없겠습니다.

그래서 내친 김에 원 하나를 더 붙여서 둥글다는 원래의 뜻을 보존해 놓은 것이 '둥글 원(圓)'자입니다.

둥글원(圓)

금문대전   소전   해서

그리고 정 같은 금속 기물에는 글자를 한번 새기면 잘 지울 수가 없죠. 위 모난 정의 안쪽에 글자가 새겨진 것을 이미 보았습니다. 아래 사진의 배경에 있는 글자는 아마 이 정 안에 새겨진 글자를 탁본한 것일 것입니다. 그래서 정에 새겨 놓으면 영원히 지워지지 않는 불변의 법칙이 되기 때문에 '법 칙(則)'자가 생겨났습니다. 역시 貝는 정(鼎)자의 변형이고 옆의 칼(刂)은 글자를 새기는 도구죠.

법칙(則)

금문　　　　소전　　　　해서

이 정은 위에서 말했던 것처럼 한 나라의 정권을 상징한다고 하였습니다. 두 나라가 전쟁을 하여 상대 국가를 이기면 그 나라를 정복하였다는 것을 만천하에 드러내기 위해 전쟁에서 진 나라의 정을 승전국에서 몽땅 싣고 가거나, 아니면 그 나라의 종묘에서 몽땅 파괴하기도 하였습니다. 이렇게 해서 생겨난 글자가 바로 '패할 패(敗)'자입니다.

패할 패(敗)

금문　　　　소전　　　　해서

솥을 나타내는 패(貝)자 모양으로 간략화한 정과 '칠 복(攵)'자가 결합한 글자가 '패할 패(敗)'자입니다. '칠 복'자는 정자로 쓰면 '攴'이라고 쓰는데 오른손에 도구를 들고 있는 모양을 나타낸 것입니다. 금문에 보면 정을 나타내는 패(貝)자가 두 개입니다. 한정된 범위 내에서 모든 것을 나타내어야 하는 문자에서 두 개나 썼다는 것은 많다는 것을 나타냅니다. 방금 항복시킨 나라의 종묘 제기를 한 곳에 모두 모아 놓고 부수는 것을 나타내는 것이지요.

한편 제정일치 시대에는 거의 모든 정사가 제사장인 임금의 점으로부터 시작되었습니다. 점이 곧 정치고, 이 점은 제사에서 이루어지기 때문에 역시 정(鼎)과 연관이 있었습니다. 그 연관관계를 나타낸 글자가 바로 '곧을 정(貞)'자입니다.

곧을정(貞)

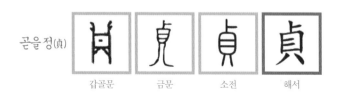

갑골문 금문 소전 해서

갑골문에서는 정 안의 점이 바로 점을 친 내용을 나타내었습니다. 금문으로 오면서 귀갑(龜甲)이나 수골(獸骨)을 지진 균열을 나타내는 복(卜)자의 형태로 바뀌게 되었습니다. 저렇게 정과 갑골로 점을 치면 점괘가 곧게 나올 수밖에 없겠죠?

정(鼎)자에서 파생된 글자가 이렇게 많이 있습니다.
鼎, 員, 圓, 則, 敗, 貞자가 이렇게 생겨났습니다.

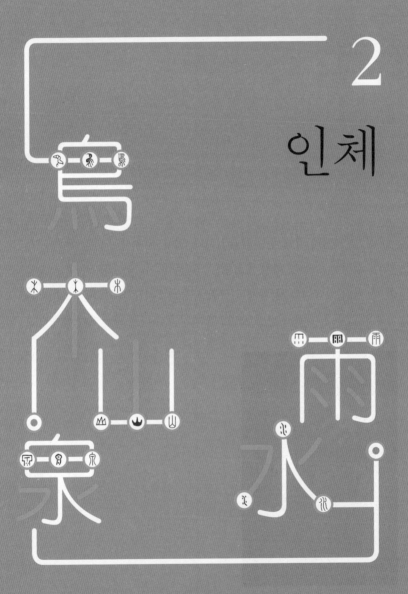

2

인체

몸

身, 쯤, 包(胞)

임신한 여성을 옆에서 본 모습입니다. 얼마 전에 세상 사람들에게 "꼭 한 점 소장하고 싶은 화가의 그림이 있다면?"이라는 내용의 설문 조사를 한 적이 있습니다. 놀랍게도 그간 부동의 1위를 차지하던 빈센트 반 고흐의 그림을 제치고 오스트리아의 화가 구스타프 클림트가 뽑혔습니

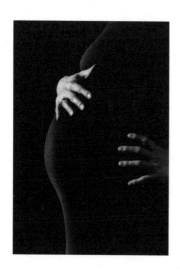

다. 클림트는 "처녀들의 어떤 모습보다도 임신부가 옆으로 선 모습이 가장 아름답다"고 했습니다. 처녀와의 비교가 조금 신경을 거슬리긴 하지만 사실 자신의 아이를 가진 여인의 옆모습만큼 아름다운 모습이 또 있을까요?

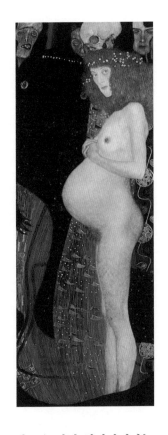

그래서인지 클림트는 임신부의 옆모습을 그린 그림을 제법 많이 그렸습니다. 〈희망 1〉과 〈희망 2〉, 그리고 〈적대 세력의 대립〉 등에 보입니다. 얼마 전 연구소에서 서울로 클림트와 에곤 실레의 그림 전시회를 관람하러 간다고 회원을 모집한다는 글이 올라오기도 하였는데, 이 그림도 전시가 되었는지는 모르겠습니다. 옆의 그림이 바로 그의 작품 〈희망 1〉이라는 제목의 그림입니다. 그림은 보는 것이 아니라 읽는 것이라 하지요. 이 그림의 주인공은 미치 침머만이라는 여인인데 클림트의 둘째아이를 가진 모습입니다. 여러 가지 상징이 그림 속에 있는데 여기서는 그림을 '읽는' 데 목적이 있는 것이 아니므로 그림 이야기는 이쯤에서 그치겠습니다.

한자 '몸 신(身)'자는 바로 임신한 여인을 옆에서 그린 모습입니다. 바로 아래 한자 신(身)자의 옛 자형을 보면 시대에 따라 조금씩 변하는 모습을 보여 줍니다.

몸 신(身)

갑골문   금문   금문대전   소전   해서

갑골문의 배가 볼록한 모습은 아기를 가진 몸을 옆에서 본 모습입니다. '사람 인(人)'자에다 배만 강조하여 표현한 글자입니다. 이 글자는 금문대전에 와서 볼록한 배 안에 점을 하나 표시하여 놓았습니다. 이 점은 바로 아기를 나타내는 부호입니다. 이 아기를 나타내는 점은 소전에 가서는 지금의 신(身)자처럼 가로획으로 또 바뀝니다. 금문부터 보이던 팔다리를 나타내던 아래 위의 가로 획은 더욱 구체적이고 명확하게 팔다리를 표현한 모습으로 바뀌었습니다. 곧 아기를 나타내던 점으로 표현한 부분이 나중에는 획으로 바뀌게 된 것입니다. 이렇게 상형문자에다 보이지 않는 부분을 가리키기 위한 부호를 일러 지사부호라고 합니다. 지사부호가 들어 있는 글자는 예외없이 모두 지사자(指事字)로 분류를 합니다.

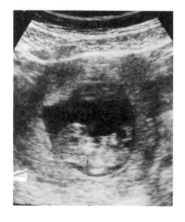

한편 '아이밸 잉(孕)'자와 '쌀 포(包)'자도 옛 자형은 모두 아기를 가진 배를 그린 모습으로 '몸 신(身)'자와 비슷하게 표현되었습니다. '아이밸 잉(孕)'자를 보면 저는 요즘 여성병원에서 찍어 주는 초음파 사진이 많이 생각납니다.

48

자궁 안에 아기가 누워 있는 모습입니다. 이는 한자로 다음과 같이 표현을 하였습니다.

아이밸 잉(孕)

갑골문 금문대전 해서

배를 강조한 사람의 몸에 지사부호를 점이 아닌 '아들 자(子)'자로 구체적으로 표현한 것이 조금 다릅니다. 이 글자를 만들 때까지만 해도 엄마 뱃속의 아이가 머리를 아래로 한 채 거꾸로 있다는 사실은 몰랐나 봅니다. 아마 '몸 신'자가 아이를 가졌다는 뜻보다는 신체적 특징을 가장 잘 드러내는 바람에 몸이라는 뜻으로만 쓰이게 되자 대체자로 쓰이게 되지 않았나 생각됩니다.

'쌀 포(包)'자도 아이를 가진 어머니의 배를 표현한 것입니다.

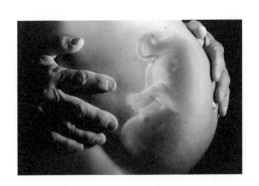

어머니의 자궁 속에 있는 애기는 실제로는 보이지 않지만 옛날 문자

를 만든 사람들은 아마 위의 모습을 상상하며 '쌀 포(包)'자를 만든 것 같습니다. 다음은 '쌀 포(包)'자의 옛 자형입니다.

쌀 포(包)

금문대전   소전   해서

'쌀 포(包)'자는 '태의 포(胞)'자의 원형이었습니다. 태의는 태(胎)를 싸고 있는 껍질이라는 뜻입니다. 한 배에서 나온 사람을 동포(同胞)라고 하는데 지금은 광의의 뜻으로 한 겨레를 보통 '동포'라고 하지요. '쌀 포(包)'자가 태를 감싸고 있는 껍질이라는 뜻을 강조하여 '싸다'라는 뜻으로 쓰이게 되자 원래의 뜻을 보존하기 위하여 육달월(月)을 덧붙여 '胞'라고 쓰게 된 것입니다.

어머니

女, 毓(育), 子, 兒, 母, 孔, 乳, 好, 保, 孚

어머니와 관련된 한자들을 한번 알아볼까요? 연전에 제가 속한 연구소에서 소주(蘇州)와 항주(杭州) 방면으로 답사여행을 다녀온 적이 있는데 김상근 전 영남대 총장님이 동행을 했습니다. 총장까지 지내신 분이신데도 마이크를 잡으셨을 때는 대단히 수줍어(?) 하셨던 것 같다는 것은 저만의 생각이었을까요? 어쨌든 총장님의 영어 명문장 암송에 모두들 감탄했던 기억이 있습니다. 총장님은 열정을 가지라는 취지의 발언을 하시면서 각국의 지도자급 인사들을 대상으로 조사를 했다고 합니다. 가장 가슴에 와닿는 영어 단어를 한 가지씩만 말해보라고 하여 통계를 낸 적이 있는데 어머니mother가 단연 1위였다고 합니다. (참고로 열정passion이 2위였다고 하고 실망스럽게도 아버지father는 7위였다네요.)

먼저 '계집 녀(女)'자부터 알아보고 지나가야겠습니다.

앞의 사진은 빌렌도르프의 비너스라고 하는 조각상입니다. 약 11cm의 거칠고 조잡해 보이는 이 상은 20세기 초에 오스트리아의 빌렌도르프에서 발견되어 이렇게 불립니다. 정상적인 인체의 비율과는 맞지 않는 큰 가슴과 둔부는 출산과 풍요를 강조하는 것이라고 합니다. 이렇게 보면 옛날에는 세계 어디서나 여성상이 거의 비슷했던 것 같습니다. 남자와 여자의 가장 큰 차이는 이렇게 가슴이 발달되어 있고 출산을 할 수 있다는 것이지요.

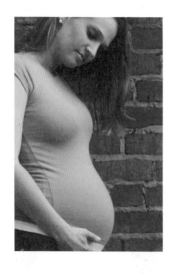

아기를 가진 어머니의 예쁜 모습입니다. 위의 설명과 같이 남자와 여자의 가장 큰 외형적 차이점을 고스란히 보여 주고 있습니다. 한자 '계집 녀(女)'자는 남자와 달리 가슴이 발달한 여자가 다소곳이 무릎을 꿇고 있는 모습에서 나왔습니다. 일설에 의하면 아기를 낳기 위해 무릎을 꿇고 있는 모습이라고도 한답니다.

계집 녀(女)

| 갑골문 | 금문 | 금문대전 | 소전 | 해서 |

아기를 가지고 저렇게 달이 차서 배가 부른 여성은 곧 아기를 낳게 되겠죠.

아기가 태어나는 아주 장엄한 순간입니다. 엄마의 자궁에서 막 세상의 빛을 본 아이는 탯줄도 아직 배꼽에 그대로 붙어 있을 뿐만 아니라 온몸에서 양수까지 뚝뚝 흘리고 있습니다. 놀랍게도 이런 광경을 마치 문자 중계 하듯 표현한 한자가 있습니다. 바로 '기를 육(毓)'자입니다.

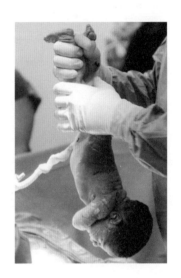

기를 육(毓)

| 갑골문 | 금문 | 소전 | 해서 |

갑골문에서는 사람의 가랑이 밑으로 머리를 아래쪽으로 하여 양수를 (점이 세 개나) 뚝뚝뚝 흘리며 아기가 태어나고 있는 모습을 볼 수 있습니다. 금문과 소전에서는 마치 아기의 머리카락 같이도 보이지만 사진과 갑골문을 보면 양수가 튀는 것임을 분명히 알 수 있습니다. '기를 육(毓)' 자는 다른 '기를 육(育)'자의 이체자이며 원래 '毓'자가 본자입니다. 소전이 정착할 시대에야 '기를 육(育)'자는 등장하였습니다.

기를육(育)

소전 　　해서

엄마의 몸이 그냥 육달월(月)로 간략히 처리가 되었습니다. 云자 비슷하게 생긴 부분만이 두 글자의 공통된 요소인데 이 모양은 아이가 거꾸로 선 모습을 나타냅니다. 뒤에 나올 '키 기(箕)'자를 설명할 때 사산한 아이를 버리는 모양이라는 '버릴 기(棄)자'의 설명에도 제일 윗부분에 나오지요. 죽은 아이든 산 아이든 금방 출산을 하면 발을 잡고 들어올리기 때문에 신생아는 '아들 자(子)'자를 거꾸로 표현하는 것입니다.

아이는 금방 태어나면 머리가 전체 몸의 비율에 비하여 상당히 큽니다. 그건 머리는 단단한 뼈로 둘러싸여 다른 부위보다 생장률이 확연히 떨어지기 때문입니다. 이렇게 금방 태어나서 머리가 큰 모습을 나타낸 한자가 바로 '아들 자(子)'자입니다. 이제 이 아이는 바로 자라고 곧 두 발로 걷게 되겠죠. 그래서 위 '육(育, 毓)'자에서 보였던 모습과는 반대 모습을 하고 있습니다.

위의 사진은 건강 박람회에 나온 아기의 마네킹입니다. 실물과 아주 비슷하게 생겼죠? 두 아기가 포대기에 싸인 모습이 머리는 크고 아랫부분은 작은 아래의 글자와 비슷하지 않은지요?

아들자(子)

갑골문　　금문　　소전　　해서

그런데 옛날 사람들이 놀라운 것은 아직 폐로 호흡하기가 힘든 아기의 숨골이 있는 것을 문자로 표현해 낸 것입니다.

아이아(兒)

금문　　금문대전　　소전　　해서

'아들 자(子)'자와 비슷하게 생겼지만 머리의 윗부분이 터져 있는 것이 다르죠? 그런데 '아들 자(子)'자가 갑골문에서부터 있는 데 비하여 금문에 와서야 '아이 아(兒)'자가 보이는 것을 보니 숨골을 발견한 시기는 비교적 늦은 모양입니다.

아이를 낳게 되면 어느 정도 자랄 때까지 양육하는 것은 온전히 어머니의 몫입니다. 물론 경제적으로 양육할 수 있는 환경을 조성해 주는 아버지의 공도 작다고는 할 수 없겠지만 말입니다. 여기서는 순전히 직접적으로 손이 가는 양육을 가지고 말한 것이니 아버지들께서는 섭섭하게 생각지 마시기 바랍니다.

'계집 녀(女)'자와 비슷하게 생긴 글자가 '어미 모(母)'자입니다. 언뜻 보면 별로 닮지 않은 것 같기도 하지만 위쪽을 막고 아래 위에 점을 찍으면 '어미 모(母)'자가 됩니다.

'어미 모(母)'자는 곧 사진처럼 수유 기능이 발달하여 유두, 곧 젖꼭지가 도드라진 산모를 문자로 표현한 것입니다.

| 어미 모(母) | 갑골문 | 금문 | 금문대전 | 소전 | 해서 |

수유 기능이 발달하여 젖을 줄 수 있는 상태에 있는 여인은? 당연히 어머니이겠지요. 금문대전까지는 젖꼭지를 점으로 표시를 하였지만 소전에서는 선으로 표현되어 있습니다. 아이가 먹을 젖이 밀키 웨이처럼 좍좍 쏟아져 나오는 듯한 느낌이 듭니다.

위에서 말했듯이 어머니라는 말은 이 세상 모든 언어 가운데 가장 발음하기가 쉽고, 또 포근한 느낌이 드는 한자입니다. 이 어머니가 아이를 안고 있는 모습이 바로 '좋을 호(好)'자입니다. 아이를 안고 있는 엄마, 엄마 품에 안겨 있는 아이만큼 보기좋은 광경이 있을까요?

다음은 '좋을 호'자의 옛 자형입니다.

좋을 호(好)					
	갑골문	금문	금문대전	소전	해서

그런데 아이를 품고 있는 목적은 거의가 '어미 모(母)'자의 경우처럼 아이에게 젖을 물리기 위해서죠. 아이는 엄마의 젖구멍으로 열심히 젖을 빱니다. 다음 사진의 모습처럼 말입니다.

귀여운 아기가 엄마의 젖을 빨다가 잠이 들었나 봅니다. 사실 '구멍 공(孔)'자의 모습은 원래 아기가 엄마 젖을 빨기 위해 가슴 가까이에 있는 모양이었습니다.

구멍 공(孔)

금문   소전   해서

아이가 어머니의 가슴에 매달려 젖을 빨고 있는 모습이 보이지요? 젖구멍은 사실 육안으로는 잘 보이지도 않을 정도로 작은 구멍이지만 시간이 흐르면서 크기와 상관없이 구멍이란 구멍은 모두 이 글자로 나타

내었습니다. 작든 크든 구멍을 뚫는 기계를 천공기(穿孔機)라고 하는 것
처럼 말입니다.

공자(孔子)도 공씨니까 당연히 이 공자가 들어갑니다. 제가 속한 연구
소에서 해외답사를 처음 시작한 2004년(벌써 10년이 훌쩍 지났네요)에는 곡부
(曲阜)로 갔었죠. 그때 공자문화원에 들렀던 적이 있었습니다. 들어가니
한쪽 벽에 "크시도다 공자여!(大哉孔子)"라 새겨 놓은 부조가 있었습니다.
바로 위의 사진인데 오른쪽으로 읽어서 세 번째 글자가 바로 공(孔)자입
니다. 엄마의 가슴은 금문처럼 아주 작게 표현이 되었습니다. 보너스로
'아들 자(子)'자도 나오고, 또 다 자란 어른인 '큰 대(大)'자도 보입니다.

그런데 아이에게 젖을 주려면 아이 혼자 엄마에게 매달릴 수는 없지

요. 아직 제 한 몸 하나 가누
기도 힘든 아이라면요. 그래
서 엄마는 두 팔을 벌려 아이
를 감싸안고 아이에게 젖을
주게 됩니다. 옆의 사진에서
처럼 말입니다.

이 사진을 문자로 표현한 것이 '젖 유(乳)'자입니다. 원래는 '녀(女)'자에서 두 팔이 나와 '아들 자(子)'자를 감싸고 있는 모양입니다만 도화 쪽에 보다 가까웠던 갑골문보다는 문자쪽으로 더 많이 진행된 소전에서는 획이 많이 간략화되었습니다. 그래서 팔 부분이 그냥 '손톱 조(爪)'자의 형태가 된 것입니다. 여기서 엄마의 가슴 부분을 표현한 부분을 빼면 '미쁠 부(孚)'자가 됩니다. 이 자의 원형은 거의 위의 '좋을 호(好)'자나 바로 다음에 나올 한자인 '지킬 보(保)'자와 같은 뜻이지요. 나중에는 뜻이 바뀌어서 믿음이 간다는 뜻으로 쓰이게 되었지만요. 엄마의 보살핌을 듬뿍 받는 아이의 입장에서는 어머니라는 존재의 손길이 더없이 믿음이 갔겠지요.

젖 유(乳)
갑골문　　소전　　해서

미쁠 부(孚)
갑골문　　금문　　금문대전　　소전　　해서

이런 아이는 엄마의 보호를 받으며 무럭무럭 자랍니다. '좋을 호(好)'자처럼 엄마는 아이가 자랄 때까지 한시도 아이를 몸에서 떼어놓지 않습니다. 부산의 중앙동에 가면 늘 아이를 몸에 업고 포대기를 돌려서 젖도 주고 하는 모습의 조형물이 있습니다.

이는 실제로 우리 윗 세대들의 삶이었습니다. 아래의 빛 바랜 사진이
이런 모습을 여실히 보여 주고 있습니다.

저런 모습은 지금의 시각으로 보면 어쩌면 부끄러운 모습일 수도 있습니다. 그러나 우리의 윗 세대 어머니들은 자랑스럽게 아이를 내보이며 당연한 듯이 아이를 저렇게 키웠죠. 아이가 아들이라면 더 보란듯이 말이지요. 저렇게 아이를 몸에 들쳐업고 있는 모습의 한자가 바로 '지킬 보(保)'자입니다. 엄마의 보호 본능이 그대로 표현된 참 아름다운 한자라는 생각이 듭니다.

지킬 보(保)

갑골문 　　 금문 　　 금문대전 　　 소전 　　 해서

이 한자는 어디서 많이 본 것 같은데요…… 아항! '기를 육(毓)'자랑 비슷하네요. 다만 아이가 이제 자라서 양수가 없고 업힐 정도는 되어서 바로 서 있는 모습이 다르네요.

어머니! 참으로 아련한 그리움이 묻어나는 단어입니다. 우리[子]는 이렇게 우리를 낳아 주고 키워 주신 어머니(물론 아버지도)의 은혜를 잊는 일이 없도록 하여야겠습니다. 위의 사진과 글자들을 보면 잊으려야 잊을 수가 없겠죠?

인체

人, 從, 比, 皆, 化, 及, 北

이번에는 사람의 모습과 관련된 한자를 한번 알아보겠습니다.

사람이 길을 걸어가고 있는 모습을 옆에서 본 모습입니다. 팔 다리가 자연스럽게 앞뒤로 흔들리고 있는 모습입니다.

이런 사람의 모습을 조금 간략화하면 아마 다음 쪽과 같은 모습이 될 것입니다. 물론 더 간략화하면 한때 어린 이들의 절대적인 지지를 얻었던 졸라맨이 되겠지요.

　위의 사진은 당대 최고의 조각가 가운데 한 사람으로 명성을 누린 알베르토 자코메티의 조각입니다. 철사처럼 가는 몸체와는 달리 따뜻한 인간미를 나타낸다는 정상적인 인체와는 비율이 맞지 않는 큰 발을 가진 것이 특징적인 조각을 많이 제작하였죠. 자코메티의 이런 조각은 언뜻 갑골문 '사람 인(人)'자를 보고 영감을 얻은 것이 아닌가 하는 생각이 들 정도입니다.

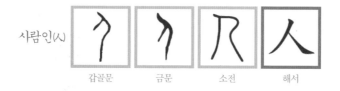

사람인(人)			
갑골문	금문	소전	해서

　팔과 다리가 하나로 간략화된 모습만 제외하면 정말 자코메티의 조각 같은 생각이 들 정도입니다.

　위의 사진은 유명한 비틀즈의 애비로드 횡단보도 사진입니다. 동명의 앨범 자켓 사진과는 반대 방향으로 걷고 있으며, 폴 매카트니도 신발을 신고 있는 모습이 다릅니다. 제일 앞에서 그룹의 리더인 존 레논이 걷고 뒤로 나머지 멤버 셋이 따라서 길을 건너고 있습니다. 이곳은 비틀즈의 이 사진을 흉내내기 위한 사람들로 늘 붐빈다고 합니다. 이렇게 사람이 사람을 따라 가는 모습을 표현한 한자가 바로 '좇을 종(從)'자입니다. 종(從)자는 원래 사람 인(人)자를 두 개 나란히 쓴 '从'과 같이 썼습니다. 지금의 간체자와 같은 모습이지요. 사람이 사람을 따른다는……

좇을 종(從)　

금문　　금문대전　　소전　　해서

　'좇을 종(從)'자는 일찍부터 애비로드처럼 길과 발을 나타내는 요소가 더하여졌습니다. 갑골문에는 모습을 드러내지 않지만 있었다면 아마

'从'자처럼 썼을 것이라는 생각을 해봅니다. 이 글자의 훈인 '좇다'는 눈에는 보이지 않는 자취를 쫓는다는 뜻입니다. 반면에 '쫓는다'는 것은 눈에 띄는 단서를 가지고 추격(追擊)을 하는 것이지요. 아래의 '미칠 급(及)'자처럼 말입니다. '추(追)'자의 훈은 '쫓는다'입니다.

아! 이 사진은…… 아련한 추억의 사진입니다. 아마 옛날의 국민학교(초등학교) 입학식 때의 정경인 듯합니다. 한복을 입고 나이 지긋하고 근엄한 할아버지인 듯한 사람들과 엄마들이 지켜보는 가운데 나름 새옷을 차려 입은 신입생들이 줄맞추기를 하고 있습니다. '앞으로 나란히'를 하면서 말이죠. 그래도 우리 어릴 때의 오리지널(?) 모습보다는 조금 뒷 세대의 모습인 것 같습니다. 이렇게 '앞으로 나란히'를 한 모습을 나타낸 글자는 '견줄 비(比)'자입니다.

견줄 비(比)

| 갑골문 | 금문 | 금문대전 | 소전 | 해서 |

'견줄 비(比)'자는 원래 뜻이 '앞으로 나란히'를 한 모습이라고 했죠? '앞으로 나란히'를 할 때는 두 팔을 수평으로 하는데 그러면 앞과 뒤의 사람이 나란히 어깨 높이로 비교가 되겠죠? 그래서 비견(比肩)이란 말이 나왔습니다. 나란히 두고 서로 비교한다는 뜻입니다.

남자와 여자, 흑인과 백인 등 남녀노소 인종을 불문하고 모두 합창을 하고 있는 모습입니다. 저는 카라얀이 내한 공연을 했었던 1983년도를 잊을 수가 없습니다. 그때 모 방송국에서 교향곡 6번 〈전원〉의 한 악장과 9번 〈합창〉의 제4악장을 영상으로 보내 주었습니다. 클래식 음악을 관심을 갖고 듣기는 그때가 거의 처음이었죠. 적잖은 감동을 받은 저는 당시 형편으로는 거금을 들여 베토벤 교향곡 전집(LP)을 샀습니다. 당연히 카라얀이 지휘한 것으로 말입니다. 지금은 〈합창 교향곡〉만 10종이 넘는 음반과 영상물을 가지고 차에서도 듣고 시간 나면 돌려보곤 하는데 처음만큼은 못해도 여전히 감동적입니다. 모두들 지휘자의 지휘에 맞추어 일사분란하게 입모양을 하나로 해서 열심히 노래를 부르죠. 이렇게 여러 사람이 똑같은 말을 하느라 입모양이 같다는 것을 표현한 글자는 '다 개(皆)'자입니다.

다 개(皆)

금문　　　금문대전　　　소전　　　해서

'다 개(皆)'자의 아랫부분은 입 안의 혀를 나타낸 '가로 왈(曰)'자입니다. 혀가 있어야 발성을 하니까 '입 구(口)'자를 쓰지 않은 것이죠. 글자한 자를 만드는데도 생각을 이렇게 많이 합니다. 다만 소전에 오면 왈(曰)자가 백(白)자의 형태로 바뀐다는 차이점이 있습니다. 저는 이 '다 개(皆)'자를 보면 늘 생각나는 사자성어가 있습니다. 바로 이구동성(異口同聲)입니다. 생각 같아서는 구(口)자 대신에 왈(曰)자를 쓰면 더 좋을 것 같은데 그런 성어는 없어서…… 어쨌건 여러 사람의 다른 입에서 같은 소리가 나오는 것을 표현한 한자가 '다 개(皆)'자라는 것을 보면 이보다 더적당한 성어를 떠올리기는 어려울 것 같습니다.

코마네치를 꿈꾸는 어린 체조선수가 텀블링 연습을 하고 있습니다.
준비 동작에서 두 팔을 땅에 대고 거꾸로 한바퀴 돌아 다시 착지를 하는

모습입니다. 이런 동작을 아마 두 사람 이상이 한다면 다음 동작을 상당히 예측하기가 힘들어질 것입니다. 여기서 바로 선 모양은 인(人)자가 되고 거꾸로 선 모습은 '비수 비(匕)'자의 형태로 바뀌게 됩니다.

두 사람이 아크로바트 묘기를 선보이고 있네요. 바로 선 사람이 거꾸로 된 사람의 두 팔을 잡아 주고 있는 모습입니다.

더 고난도의 묘기를 보여 주고 있죠? 남녀가 커플로 한 사람은 바로, 한 사람은 거꾸로 물구나무를 한 채 묘기를 보이는 모습입니다. 공통점은 모두 다음 동작을 전혀 예측하기 어렵다는 것입니다. 변화무쌍해서 그렇죠. 이렇게 다음 단계에는 어떻게 변할지 모르는 두 사람이 묘기를 부리는 것을 나타낸 글자가 바로 위에서 인(人)과 비(匕)자가 합쳐진 형태인 '될 화(化)'자입니다.

될 화(化)　　갑골문　　금문　　소전　　해서

갑골문부터 소전까지 바로 선 사람과 거꾸로 선 사람의 모습을 일관되게 표현하고 있습니다. 그래서 이 글자에는 '되다', '변화하다'라는 뜻이 생겨난 것입니다. '될 화(化)'자를 보면 옛날 사람들도 서커스를 굉장히 좋아했던 것으로 보입니다. 이런 공연이 일반화되지 않고서야 어떻게 이런 뜻을 전달할 수가 있었겠습니까?

아주 낭만적인 모습입니다. 꽃을 들고 앞서가는 여자가 곧 남자에게

따라잡힐 듯한 모습입니다. 여자의 표정을 보니 그리 싫지는 않은 듯하고 오히려 상황을 즐기는 듯한 모습입니다. 옛날에 영화나 드라마에 보면 이런 장면이 참 많이도 나왔죠. 거의 천편일률적으로 여자가 앞에 남자는 뒤에, 거의 슬로 모션으로, 끝까지 안 잡히고 쫓던 사람이 넘어지고, 깔깔거리는 장면입니다. 영화나 드라마는 그 자체로 받아들이기로 하고 여기서는 이제 남자가 여자를 다 따라잡았습니다. 이제 한 손만 더 뻗으면 됩니다. 이렇게 한 사람이 한 사람을 다 따라잡은 것을 표현한 글자는 '미칠 급(及)'자입니다. 이 글자의 훈인 '미치다'는 crazy가 아닌 reach입니다.

미칠 급(及)				
갑골문	금문	금문대전	소전	해서

이 글자는 '사람 인(人)'자와 오른손을 나타내는 우(又)자로 구성되어 있습니다. 갑골문에서는 아직 앞 사람을 미처 따라잡지 못했네요. 나머지 자형에서는 모두 이미 따라잡았는데, 따라잡으면 아마 다리 부분을 잡았나 봅니다.

두 사람이 돌아 앉아 등을 맞대고 앉아 있는 것을 표현한 조각품입니다. 두 사람이 등을 맞대고 서 있으면 아래 사진처럼 되겠죠?

쌍둥이인 듯한 귀여운 두 아이가 등을 맞대고 완벽하게 커플룩을 차려 입고 서 있습니다. 이렇게 등을 맞대고 서 있는 글자는 '북녘 북(北)'자에 잘 나타나고 있습니다.

갑골문부터 소전까지 모두 등을 맞대고 선 두 사람이 보입니다. 원래이 북(北)자의 뜻은 등을 나타내었습니다. 곧 '등 배(背)'자의 본자였습니다. 동양에서 가장 기본적인 풍수의 조건은 바로 북쪽을 등지고 해가 있는 남쪽을 향하는 것이었습니다. 그러다 보니 자연히 등쪽에 있는 방향을 이 글자를 빌려다 표현하게 된 것입니다. 그러면서 '등 배'자는 북(北)자에다 사람 인체의 부분임을 나타내는 육달월(月)을 붙여서 표시하게 된 것입니다. 음도 북(北)과 배(背)로 갈리게 되었죠.(현대 중국어 발음은 bei로 같습니다.) 그러나 '北'자를 여전히 '배'자로 읽는 경우가 있습니다. 패배(敗北)가 바로 그런 경우입니다. 격투기를 보면 대부분의 경우 등이 땅에 닿으면 지게 됩니다. 레슬링이나 유도의 경우를 보십시오. 그리고 선수가 자발적으로 상대에게 등을 보이는 것은 본인이 졌다는 의사를 나타내는 것입니다. 옛날 중국의 주적은 북방의 유목 민족 흉노였습니다. 한고조, 아니 그 이전 춘추전국시대 이래 명나라 때까지도 흉노의 퇴치는 한족의 중국인들에게 가장 큰 숙제였습니다. 무제처럼 힘으로 쫓아내기도, 재물과 여자로 달래기도 하고, 만리장성 같은 방벽을 쌓기도 하면서 말이죠. 그런 노력을 기울여 흉노가 져서 달아난다면 원래 자기네 거주지인 북(北)쪽으로 달아나겠죠. 말 그대로 패하여 북쪽으로 달아나게 되는 것입니다. 그래서 敗北는 '패북'이라 읽지 않고 '패배'라 읽는 것입니다.

얼굴

自,鼻,口,曰,目,臣,眉,見,耳,取,面

이번에는 사람의 얼굴과 관련된 글자에 대하여 알아보겠습니다. 사람의 얼굴은 눈, 코, 입, 귀 등으로 구성이 되어 있습니다.

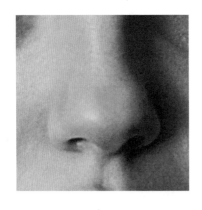

먼저 사람의 코는 사진과 같이 생겼습니다. 인종간에 따라 약간의 모습 차이는 있어도 얼굴의 한복판에 있으며 구멍이 두 개이고 숨을 쉬는 호흡기관이라는 것은 다 똑같죠. 이 코는 원래 중국에서는 아래와 같이 자(自)자로 나타내었습니다. 지금은 코라는 의미보다는 '스스로', '~에서부터' 등과 같은 뜻으로 많이 쓰입니다.

스스로자(自)

| 갑골문 | 금문 | 금문대전 | 소전 | 해서 |

옛날에도 해부학 지식이 상당히 발달했던 것 같습니다. 사람들이 태아에서 코가 제일 먼저 생긴다는 것을 알았다고 하니까요. 실제『홍서(鴻書)』라는 책에는 "사람이 태기가 있으면 코가 가장 먼저 형성된다(人懷胎鼻先受形)"는 말이 있습니다. 아래의 두 사진은 약 9주쯤 된 태아의 사진인데 코가 가장 두드러지게 발달하였음을 보여 줍니다.

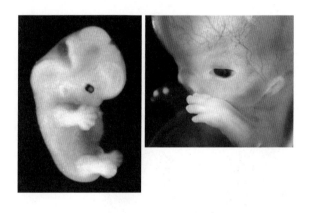

이런 이유 때문에 코를 나타내는 자(自)자는 '~에서'라는 뜻으로 쓰이게 되었습니다. "처음부터 끝까지"를 한자 성어로 뭐라고 그러죠? 예, '자초지종(自初至終)'입니다. 그래서 코를 나타내는 한자는 따로 만들어 내야 했습니다. 아마 코를 나타내는 말의 발음이 옛날에는 '비'라고 했던 것 같습니다. 그래서 뜻을 나타내는 형체소인 자(自)는 그대로 살려두고 음소인 비(畀)를 첨가하게 되었습니다.

코 비(鼻)

갑골문   금문대전   소전   해서

그렇다고 해서 코를 나타내는 비(鼻)자에서 자(自)자처럼 '시작되다'라는 뜻이 사라진 것은 아니었습니다. 비(鼻)자가 '시작되다'라는 뜻으로 쓰인 대표적인 예는 바로 비조(鼻祖)가 있죠. "추리소설의 비조는 에드거 앨런 포이다"라고 할 때의 뜻이 바로 그런 뜻입니다. 원조(元祖)라는 뜻과 같은 뜻입니다.

다음은 입을 나타내는 한자를 알아볼까요.

입을 벌리고 활짝 웃고 있네요. 이(齒)도 보이고 혀(舌)도 보입니다. 이와 혀에 관련된 한자는 다음에 알아보기로 하고 일단 넘어가겠습니다. 입은 원래 모양이 둥글지만 날카롭고 직선적인 네모의 형태를 띠게 된 이유가 있습니다. 처음에 한자를 기록할 때 거북 등이나 배딱지, 나무 같은 딱딱한 재료에 또 날카로운 송곳 같은 도구로 새겨야 했기 때문이지요. 아마 붓이 먼저 발명되었더라면 지금 쓰는 한자의 모양은 많이 달라졌을 수도 있을 것입니다.

입 구(口)　갑골문　금문　소전　해서

저 '입 구(口)'자에 이빨 모양을 그려 넣으면 '이 치(齒)'자가 됩니다. 원래 '혀 설(舌)'자는 뱀의 머리에서 갈라진 혀가 나온 모양을 표현한 것입니다. 그러나 사람의 혀는 갈라지지가 않았고 입 안에 있는 것이 뱀과 가장 다른 특징이라고 할 수 있겠죠. 이렇게 사람의 입에 혀를 나타내는 가로획을 첨가한 것이 '가로 왈(曰)'자입니다.

가로 왈(曰)　갑골문　금문　소전　해서

사람이 혀가 없으면 말을 못하기 때문에 왈(曰)자는 '말하다'의 뜻을 지니게 되었습니다. 그러나 혀의 기능이 말을 하는 것에 그치지는 않죠.

혀는 동시에 입안에서 음식을 섞고 맛을 보는 기능도 합니다. 그런 형태의 한자는 '달 감(甘)'자와 '향기 향(香)'자에 표현되어 나타나고 있습니다. '달 감(甘)'자는 사실상 옛 글자의 형태가 '가로 왈(曰)'자와 같습니다. '향기 향(香)'자는 햇곡식(벼禾)을 맛보는 입(曰)이라고 합니다.

다음은 눈에 대해서 알아보겠습니다.

눈에서 가장 중요한 것은 무엇일까요? 아마 눈동자이겠지요. 눈에다가 눈동자를 그려 넣은 모양이 바로 '눈 목(目)'자입니다.

눈은 원래 가로로 길게 생겼죠. 그런데 옛날의 필기구가 세로로 긴 죽간 목독이었기 때문에 거기에 맞춰 가로로 긴 글자는 세워서 썼습니다. 원래 세로로 긴 형태의 글자는 그대로 적습니다. 그리고 '눈 목(目)'자의 갑골문자는 대각선으로 비스듬하죠? 약간만 더 세우면 아마 옆에서 본 모양이 될 것입니다. 사람의 눈을 옆에서 본 모양으로 표현한 한자는 뒤의 감(監)자의 예에서도 보입니다. 예, 감(監)자에서 본다는 뜻을 가진 형체소는 신(臣)이고, 이 글자는 사람의 눈을 옆에서 본 모습에서 따왔습니다.

신하들은 임금을 대등하게 보지 못하고 고개를 숙이고 눈을 치켜떠서 봐야 하기 때문에 그런 모양이 생겨난 것입니다. 이런 눈 모양을 정면에서 표현하기는 어려웠을 것입니다.

신하신(臣)

갑골문　　금문　　금문대전　　소전　　해서

참고로 감(監)자 외에도 신(臣)자가 들어가서 본다는 뜻으로 쓰이는 글자는 람(覽: 죽 둘러보다), 림(臨: 높은 곳에서 내려다보다)자 등이 있습니다. 수평 시선보다 높이 보는 것을 한자로는 망(望)이라고 합니다. 이 망(望)자는 옛날에는 망(朢)이라고 썼습니다. 언덕에 올라 달을 보는 눈(臣)을 그린 것이지요. 달을 보는 광경은 아무래도 시선 처리를 옆에서 본 눈으로 표현하는 것이 뜻이 명확하게 전달되겠지요. 그런데 망(望)의 형체소인 신(臣)자가 지금은 음소인 망(亡)으로 바뀌게 된 것입니다. 이 글자에 대해서는 다음에 더 구체적으로 알아보기로 하겠습니다.

눈 위의 털을 뭐라 그러죠? 예, 눈썹입니다. 눈썹은 없으면 미관상 좋지 않을 수도 있지만 땀이 눈으로 들어가지 않게 잡아두고 옆으로 흐르게 하는 기능도 있습니다. 또 눈썹과 함께 먼지 등을 붙잡아두는 기능도 합니다.

이 눈 위의 털을 표현한 한자가 바로 '눈썹 미(眉)'자입니다.

갑골문과 금문대전의 미(眉)자를 보면 속눈썹을 나타낸 것같이 보입

니다. 금문은 완연한 눈썹의 모양을 띠고 있습니다.

　눈썹은 기능뿐만 아니라 외모에 있어서도 중요한 역할을 합니다. 눈썹 하면 가장 유명한 사람이 누구일까요? 아마 백미(白眉)의 주인공 마량(馬良)이 아닐까요? 『삼국지』에도 등장하는 마량은 형제들 가운데 학문이나 품성이 가장 뛰어났습니다. 형제들 중에 유일하게 눈썹이 희었기 때문에 "눈썹이 흰 그 사람"이라고 부르다 보니 백미라는 말이 생겨난 것이지요. 원래는 가장 뛰어난 사람이라는 뜻으로 쓰였지만 나중에는 차츰 사물 중에서 가장 뛰어난 것을 가리키는 말로 쓰이게 되었습니다. 그리고 여인의 아름다운 눈썹을 누에나방의 검고 짙은 윤이 난다는 아미(蛾眉)라고 표현한 것을 보아도 알 수 있습니다.

　다음은 눈과 관련있는 한자인 '볼 견(見)'자에 대해서 알아보겠습니다.

볼 견(見)

갑골문　　　금문대전　　　소전　　　해서

　'볼 견(見)'자는 눈에다 팔과 몸을 간략하게 그려 놓은 것입니다. 만화나 영화에 등장하는 화성인의 모습처럼 말이죠. 목자가 세로로 길어지면서 지금의 '볼 견(見)'자 모양으로 되었습니다. 인체의 기능 중에서 본다는 기능을 가장 극대화시켜서 나타낸 문자인 셈이지요.

　다음은 심심파적으로 우스갯소리를 하나 소개할까 합니다. 어떤 사람 셋이 가장 키가 작은 한자가 무엇인가를 놓고 논쟁(?)을 벌였다고 합니다. 첫 번째 사람이 "그거야 형(兄: 只자라고도 합니다)자지. 입 밑에 발이 달렸으니"라 하였습니다. 그러자 두 번째 사람이 대번에 반박을 하면서 "볼 견(見)자가 더 작아. 눈 밑에 발이 달렸잖아" 하는 것입니다. 첫 번째 사람이 고개를 못들고 있을 때 세 번째 사람이 가소롭다는 듯이 웃으며 말합니다. "더 작은 글자도 있어." 둘이 이구동성으로 묻습니다. "뭐, 뭔데?" "구멍 혈(穴)자지. 갓 바로 밑에 발이 달렸잖아." 두 사람은 아무 말도 못했다고 합니다.

다음은 귀에 대해서 알아보겠습니다. 귀는 사실 머리 안쪽에 있고 우리가 귀라고 부르는 것은 실제로 귓불과 귓바퀴를 말합니다. 이 귓바퀴가 굴곡이 있는 것은 소리의 원근을 반사로 알아내기 위한 기능이라고 합니다. 실제로 귓불의 굴곡진 부분을 석고 같은 것으로 다 채워서 평평하게 했더니 소리의 방향이나 원근을 거의 감지하지 못했다고 하는 실험 결과를 읽은 적이 있습니다. 눈이 두 개인 이유가 원근을 측정하기 위한 것과 마찬가지인 셈입니다.

귀는 당연히 귓바퀴의 형태를 그려서 만들어 내었죠.

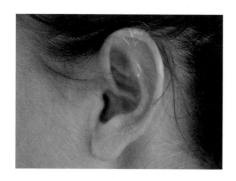

귀 이(耳)

갑골문　　　금문　　　금문대전　　　소전　　　해서

　옛날에는 죄인을 형장까지 끌고 가는데 귀를 잡아끌고 갔다고 합니다. 남학생들은 아마 한번쯤은 경험이 있겠죠. 떠들다가, 딴전 피우다가 선생님이 귀를 당겨 칠판 앞까지 끌고 가면 그 수치심이란······.

이를 나타낸 글자가 바로 '취할 취(取)'자입니다.

취할 취(取)

갑골문　　　금문　　　금문대전　　　소전　　　해서

여기서 '또 우(又)'자는 오른손을 나타내는 글자입니다. 옛날 전쟁을 할 때는 상대방을 많이 죽인 사람이 가장 큰 공을 세우게 됩니다. 특히 진(秦)나라는 전공에 따라 하졸(下卒)에서 장군까지도 승진할 수 있었습니다. 전쟁에서 적군을 죽였음을 입증하는 가장 좋은 방법은 무엇일까요? 그건 본인이 죽인 적군의 시체를 모두 가져다 보여 주는 것이겠죠. 그러나 한창 전투가 치열한 전쟁 중에 그런 행동은 불가능했을 것입니다. 다음 방법은 인식 가능한 신체의 일부를 잘라 오는 것입니다. 아마 인체에서 취(取)하기가 가장 쉬운 부분이 귀였을 것입니다. 그래서 오른쪽 손으로 왼쪽 귀를 자르는 것이 바로 '취할 취(取)'자입니다. 임진란 때 왜군이 조선군의 귀를 잘라다가 귀무덤인 '이총(耳塚)'을 만든 것은 누구나 알 것입니다. 안정효의 소설 『하얀 전쟁』을 보면 가까이는 베트남전 때도 그랬다고 합니다.

　이제는 마무리할 시간이네요.

　참 잘 생긴 얼굴입니다. 이목구비(耳目口鼻)가 아주 뚜렷하지요. 그러나 이는 한 사람의 얼굴이 아니고 중국 사람의 표준 얼굴을 합성한 것이라고 하네요. '얼굴 면(面)'자는 바로 얼굴을 나타내는 윤곽에 위에서 나온 얼굴에 들어 있는 부위를 표현한 것입니다.

얼굴 면(面)

갑골문　　　금문대전　　　소전　　　해서

　제일 앞의 갑골문에는 얼굴의 윤곽선 안에 눈을 그려 놓았습니다. 그러나 금문대전과 소전에서는 은근슬쩍 코를 나타내는 자(自)자로 바뀌어 있음을 알게 됩니다. 요즘 초상권 문제 때문에 얼굴에 모자이크 처리할 때 눈 부위를 가리거나 흐리게 처리를 하는 것을 보면 눈이 얼굴에서 가장 중요한 부위가 아닌가 생각을 하게 됩니다. 반면에 옛날 중국의 오형(五刑) 가운데 두 번째 형에 해당하는 의형(劓刑)은 코를 베는 형벌입니다. 옛날 중국 사람들은 얼굴에서 코가 잘려 없어지면 가장 흉측해 보였던 모양입니다. 얼굴 면자에 눈과 코가 들어 있는 것을 보면 위와 같은 생각을 해보게 됩니다.

이와 혀

舌, 齒(齡), 牙

앞에서 얼굴과 관련된 한자를 소개하면서 입 부분은 혀가 표현된 한자까지만 소개한 적이 있습니다.

이번에는 입의 안쪽에 있는 이와 혀에 대해서 알아보도록 하겠습니다.

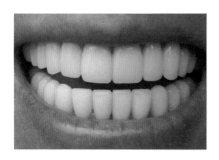

참 멋진 치아입니다. 이 없으면 잇몸으로 산다고 하지만 사람은 누구나 이가 있어야 합니다. 기능적인 측면에서는 물론이고 외형적인 측면에서도 마찬가지입니다. 이는 처음에 젖니가 나고 좀 자라면 갈게 되는데, 젖니는 달리 배냇니라고도 하고 한자로는 '유치(乳齒)'라고 합니다.

유치는 생후 보통 7~8개월이면 납니다. 여자는 7개월, 남자는 8개월 만에 난다고 그러죠? 아기가 잇몸이 간질거려 참을 수 없는 지경에서 잇몸을 뚫고 이가 나는 것을 지켜보고 있노라면 정말 귀엽습니다.

그러다가 생후 7~8년이 되면 이를 갈기 시작합니다. 보통 의학적으로 만 6세면 영구치가 난다고 하는데 『사기·공자세가』에 보면 '야합(野合)'이란 말을 설명하면서 주석서인 『정의』에서는 이렇게 말합니다. "남자는 8개월 만에 이[齒]가 나고 8세에 이를 갈며 …… 여자는 7개월 만에 이가 나고 7세에 이를 간다." 남자보다 여자의 발육이 조금 빠르다는 것을 옛날 사람들은 벌써 알아챈 것입니다. 간니는 한자로 '영구치(永久齒)'라고 합니다. 영구치는 말 그대로 한번 빠지면 더 이상 어쩔 수 없기 때문에 아주 잘 관리를 해야 하죠. 이런 이의 모양을 나타낸 한자가 바로 치(齒)자입니다.

이 치(齒) | 갑골문 금문 금문대전 소전 해서

갑골문자를 보면 입 속의 이가 엉성하게 난 것이 영구치는 아닌 것 같습니다. 일정한 규칙에 따라 나는 젖니도 아닌 것 같죠? 마지막 사진의 젖니가 빠지고 영구치가 나는 것을 문자로 표현한 것이 아닌가 하는 느낌이 듭니다. 금문부터는 지(止)자가 추가되는데, 이는 뜻과는 상관이 없고 음을 나타내기 위한 요소, 그러니까 음소로 추가된 부분입니다.

한편 사람들은 나이를 헤아릴 때 치(齒)자를 씁니다. 연치(年齒) 또는 연령(年齡)이라고 하는데, 령(齡)자에도 치(齒)자가 들어 있죠? 한창 때의 아가씨 나이를 묘령(妙齡)이라고 하는 것도 같은 뜻입니다. 이는 위에서도 언급했듯이 대충 사람의 이를 보면 몇 살인지 알 수 있기 때문입니다. 특히 말의 경우는 이를 가는 정도에 따라 말의 나이를 구분할 수 있는 방법이 책에까지 상세하게 기록되어 있을 정도입니다. 그러니까 영화 같은 것을 보면 말을 사려는 사람이 말의 입을 벌려 보는 것이 괜한 행동이 아님을 알 수 있습니다. 말의 건강 상태는 물론 나이가 얼마나 되는지 파악하려는 것이죠.

이를 나타내는 다른 한자도 있습니다. 바로 '어금니 아(牙)'자입니다.

위의 사진은 개의 입을 나타낸 것입니다. 맹수답게 목표물을 한번 물면 절대로 빠지나가지 못하게끔 날카로운 이가 바이스처럼 아래 위로 꽉 물려 있습니다.

아래 위로 꽉 물린 이를 나타내는 것으로는 악어의 이만한 것이 없을 것입니다. 저렇게 아래 위로 맞물려 있는데도 아귀가 딱 맞는 것이 신기하게까지 느껴질 정도입니다.

어금니아(牙)

| 금문 | 금문대전 | 소아 | 해서 |

'어금니 아(牙)'자는 갑골문에는 보이지 않습니다. 위의 금문은 왼쪽이나 오른쪽으로 한번 돌려서 보면 위의 개를 찍은 사진처럼 꽉 물린 입과 비슷한 모습을 띠겠죠.

그런데 우리는 齒의 훈은 '이'라 하고, 牙의 훈은 '어금니'라고 합니다. 실은 어금니가 齒입니다. 당나라 문인으로 당송 고문 8대가의 한 사람인 한유(韓愈)의 명문장 「사설(師說)」에 보면 "무당과 의원, 악사, 공인들은 군자들이 (자기와) 동등하게 여기지 않는다(君子不齒)"는 말이 나옵니다. 이로써 치(齒)자에는 평평하다는 뜻이 있음을 알 수 있는데 몇 종류 안 되는 이 가운데 평평하게 가지런한 것이 무엇이겠습니까? 예, 어금니입니다. 그리고 동물의 날카로운 이는 송곳니 안쪽의 이인데, 이 이가 바로 아(牙)입니다. 그래서 아(牙)는 날카롭다는 뜻도 포함하고 있습니다. 그리고 모든 이를 합쳐서 우리는 치아(齒牙)라고 합니다. 그런데 다 같이 이를 진료하는 의원을 우리나라에서는 '치과(齒科)'라 하고 중국에서는 '아과(牙科)'라고 합니다. 실없는 생각이지만 우리나라 사람들은 어금니에, 중국 사람들은 앞니에 보다 많은 문제가 생기는 모양입니다.

저만 그런가요? 제가 가장 혐오하는 동물 중의 하나가 바로 뱀입니다. 보기만 해도 징그러운 비늘로 덮인 몸으로 구불구불 기어다니며 입으로는 쉬지 않고 연신 혀를 날름거립니다. 그런 이유에서인지 『성경』에서도 인류를 타락시킨 주범으로 뱀을 지목하고 있을 정도입니다. 사람이 안 넘어가면 그만인데 뱀으로서는 참 통탄할 만한 일이지요.

이 뱀의 가장 특징적인 것이 바로 혀입니다. 뱀의 혀는 두 갈래로 갈라졌습니다. 멘델스존의 유명한 음악 「한여름밤의 꿈」에도 "혀가 갈라진 얼룩뱀(You spotted snakes with double tongue)"이라는 노래가 등장합니다. 혀가 갈라진 동물이 어디 뱀 뿐이겠습니까만 사람들이 관찰하기 좋도록 노골적으로 혀를 날름거리는 동물은 아마 뱀밖에 없을 것입니다. 그러나 사실 뱀이 입 밖으로 혀를 날름거리는 이유는 다른 동물이나 사람을 위협하기 위해서 그런 것은 아니죠. 온도와 습도, 냄새까지도 혀로 감지한다고 합니다. 감각기관 때문에 혐오스런 동물이 된 셈이지요.

이런 뱀이 혀를 입 밖으로 내밀어 날름 거리는 모습은 어떨까요? 사진으로 보면 오른쪽과 같은 모습일 것이고, 문자상으로 표현을 하면 바로 아래의 글자 '혀 설(舌)'자가 될 것입니다.

혀 설(舌)

갑골문　　　금문　　　소전　　　해서

　어때요? 정말 많이 닮지 않았습니까? 혀가 특징적인 동물의 모양을
가져다 문자화하는 중국인들의 지혜가 참으로 기가 막히다는 생각입니
다. '혀 설(舌)'자가 들어가는 문자로는 '말씀 화(話)'자가 있습니다. '말
씀 화(話)'자는 言과 舌자로 구성되어 있는데 言자는 입으로 관악기를 부
는 모양에서 나왔고, 舌자는 입의 혀를 표현한 문자입니다. 말을 할 때는
혀가 있어야 하니 정말 잘 만들어진 글자라고 할 수 있겠습니다.

발

止,之,久,步,夅(降),陟,足,舛,舞(無),先,出,各(格),正,征,是,走,奔,後,涉,路

손이 도구를 사용하게 해주는 것이라면 발은 사람이 이곳저곳으로 이동을 할 수 있도록 해주는 신체기관입니다.

한 발을 땅에 딛고 선 모습입니다. 이렇게 서면 발자국이 땅에 찍히겠지요. 다음의 사진처럼 말입니다.

이 발자국은 왼발입니다. 이렇게 왼발자국을 나타낸 한자가 바로 '그칠 지(止)'입니다.

그칠 지(止)

실제 위의 사진처럼 왼발을 땅에 딛고 선 모양을 나타낸 한자는 '갈 지(之)'자입니다. 위로 향한 세 획은 발가락을 나타냅니다. 발가락을 구체적으로 다섯 개를 다 그리면 그때는 문자가 아니라 그림, 회화가 되고 맙니다. 문자는 필요없는 부분은 과감히 생략하고 꼭 필요한 부분만 표현을 하지요. 그래도 발바닥까지 충실하게 표현이 되어 있습니다.

갈지(之)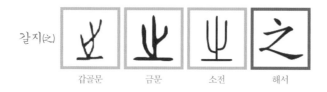

두 글자를 비교해 보면 왼발바닥과 왼발바닥으로 땅을 딛고 있음을 나타내는 한 일(一)자 같은 부호가 있는 점이 차이가 날 뿐입니다. 두 글자 모두 기본적으로 '간다'는 뜻이 있는데 이는 발이 걷는 수단이 되기 때문입니다.

발이 사람이 이동을 하는 수단이기는 하지만 한 발만 딛고 있으면 실제로 한 걸음은 되지 않습니다. 두 발로 한 발을 떼어 내디뎌야 비로소 한 걸음이 되는 것입니다. 다음의 사진처럼 말이지요.

사진처럼 왼발을 앞으로 오른발을 뒤로 하여 한 걸음을 떼면 다음과 같은 발자국이 찍히겠죠? 이렇게 왼발 오른발을 그려서 한 발자국을 걸었음을 나타내는 한자가 바로 '걸음 보(步)'자입니다.

걸음 보(步)

| 갑골문 | 금문 | 금문대전 | 소전 | 해서 |

이 '걸음 보(步)'자의 금문은 정말 귀엽게 느껴지는 글자입니다. 아래의 발자국과 똑같습니다.

위쪽으로 향한 한 발자국을 나타낸 '걸음 보(步)'자가 계속 이어지면 어떨까요? 바로 다음의 사진처럼 말입니다.

한 사람이 신발을 벗어 들고 모래 언덕을 오르고 있습니다. 步步步……. 여기에 모래 언덕이 아닌 벼랑이 있는 언덕을 나타내는 부수자인 '언덕 부(阝, 阜)'자를 첨가하면 아래와 같은 글자가 됩니다. 바로 '오를 척(陟)'자이지요.

오를 척(陟)

언덕이 있는 곳을 오르면 전체적으로 그 언덕을 가로지른 것이 됩니다. 사람이 가로지를 곳이 언덕만 있는 것은 아니죠? 물이 있으면 물도 건너야 합니다.

귀여운 꼬마가 물을 건너고 있습니다. 이렇게 물을 건너는 글자가 바로 '건널 섭(涉)'자입니다.

건널 섭(涉)

갑골문 　　금문 　　소전 　　해서

갑골문과 금문에서는 두 발로 물을 건너는 모양이 확연한데 소전에 와서는 물을 나타내는 요소가 부수자로 한쪽으로 빠진 점이 조금 다릅니다.

제일 앞에서 살펴본 '그칠 지(止)'자는 앞이나 위쪽을 향한 발자국을 그린 것이라고 했지요. 그럼 그 반대인 경우도 분명 있을 것입니다. '그칠 지(止)'자를 거꾸로, 즉 아래쪽으로 향하게 표현한 글자가 바로 '뒤져올 치(夂)'자입니다. 발이 아래로 향한 모양이지요. 요즘은 단독으로는 쓰이지 않는 글자입니다. 그냥 한자 자전의 부수자로만 쓰이면서 겨우 명맥이나 유지하는 글자이지요. 이 글자는 금문대전에 보입니다.

뒤져올 치(夂)

금문대전 　　소전 　　해서

아래로 향한 발자국도 마찬가지로 하나만 있으면 그것은 걸음으로 인정하지 않겠죠. 적어도 오른발 왼발이 각각 하나씩은 있어야 최소한 한 걸음은 걸었다고 하겠지요. 다음의 사진과 같이 말입니다.

모래언덕을 내려오고 있는 모습입니다. 그러면 문자로는 '걸음 보'자를 거꾸로 쓰면 되겠죠. 그러나 단순히 뒤집어 놓은 것하고는 약간 차이가 나는데 그것은 옛날의 필기도구의 특성과 같은 제약성 때문이겠지요. 거꾸로 뒤집어도 바로 앉아서 써야(그려야) 하니까요. 이 글자는 한자로 '夅'이라 씁니다. 음은 '강'인데 바로 '내릴 강(降)'자와 같은 뜻입니다. 그래서 나온 모습이 바로 아래의 모습입니다.

내릴 강(降)

갑골문   금문   소전   해서

'내릴 강(夅)'자는 지금 현재 우리의 일상에서는 쓰이지 않습니다. 단독으로 쓰인 적이 없고 일찌감치 언덕을 나타내는 부방인 '언덕 부(阜, 阝)'자를 붙여서 썼습니다. 한편 이 글자는 '항복하다'의 뜻으로도 쓰이는데 그럴 경우는 음이 '항'이 됩니다.

이렇게 걸으려면 발이 필요하죠? 한자에서 발을 나타내는 글자는 '발 족(足)'자입니다.

많은 사람들이 성문을 향해 걸어가고 있습니다. 이렇게 성문이나 하나의 목표 지점을 향해 가고 있는 것을 표현한 한자가 바로 '발 족(足)'자입니다.

발족(足)　금문　소전　해서

위쪽의 둥근 원은 성문이나 자기가 현재 가고 있는 목적지를 나타내는 지사부호입니다. 그런데 이 '발 족(足)'자는 사실상 옛 자형이 '바를 정(正)'자와 같습니다.

바를정(正)

갑골문　　금문　　소전　　해서

목적지가 갑골문에는 네모로 표현되었다가 금문에서는 '발 족(足)'자처럼 다시 원으로 바뀝니다. 최종적으로 소전에 와서는 지금처럼 선으로 모양이 바뀌었습니다. 이는 수단과 방법의 차이를 말해 줍니다. 즉 '발 족(足)'자는 성으로 가는 수단이 발임을 나타내는 것이고, '바를 정(正)'자는 목적지를 향해서 다른 곳을 경유하지 않고 곧장 간다는 것을 나타내는 것이죠. 이 '바를 정(正)'자는 원래 '간다'는 뜻이었습니다. 적을 치기 위해서 딴전을 피우지 않고 똑바로 곧장 간다는 뜻에서 '바르다'는 뜻이 생겨나 대표훈으로 자리잡는 바람에 '간다'는 뜻은 길을 나타내는 '彳'자를 첨가하여 구분하였습니다. 이 글자가 바로 '갈 정(征)'자입니다.

갈정(征)

갑골문　　금문　　소전　　해서

'彳'자 옆의 요소는 '바를 정(正)'자의 시대별 자형과 똑같죠? 이 '갈 정(征)'자는 시간을 조금도 지체하지 않고 적을 치러 곧장 달려간다는 의미입니다. 그런 의미에서 요즘은 '치다'라는 뜻을 훈으로 취합니다. 원정(遠征)이나 정벌(征伐)이라는 단어에 쓰입니다. 한편 이렇게 길을 가려면 뭔가 방향을 잡아 주는 지표가 필요했을 것입니다. 낮에는 사람들이 가장 많이 방향을 잡는 데 참고로 한 것이 바로 해입니다. 해를 지표로 삼아 가면 틀림이 없습니다.

이렇게 해를 지표로 삼아 방향을 잡아 걸어가는 글자가 바로 '옳을 시(是)'자입니다. 해를 가지고 방향을 잡아 가면 항상 옳으며 길을 잃어버릴 염려 따위는 절대로 없을 테니까요.

옳을 시(是)

금문　　금문대전　　소전　　해서

살아 있는 한 외출(外出)을 안 하고 살 수는 없을 노릇이지요. 꼭 무슨 특별한 일이 없더라도 하루에 한 번 정도는 산책이라도 다녀오면 육체적인 건강을 유지하는 데 뿐만 아니라 정신 건강에도 좋을 것입니다.

외출을 하려고 문 밖으로 한 발을 살짝 내놓습니다. 이렇게 밖으로 나가기 위해 발을 집밖으로 내놓는 글자가 바로 외출(外出)의 '날 출(出)'자입니다.

날출(出)

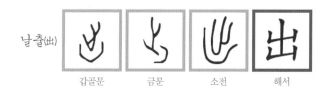

갑골문   금문   소전   해서

옛날에는 반지하식의 움막집에서 살았기 때문에 움푹하게 꺼진 움막집을 표현하기 위하여 ㄴ(입벌릴 감)을 아래쪽에 두게 되었습니다. 그리고 위쪽의 자형은 후세에 와서는 조금 식별하기가 어렵게 되었지만 갑골문을 보면 발을 나타내는 지(止)자입니다. 움막집 바깥으로 외출을 위해 발을 한 발짝 내놓은 형태의 글자임을 말해 줍니다.

외출을 했다가 일을 다 보고 나면 집으로 돌아오겠죠? 이런 경우에는 '날 출(出)'자와는 반대의 경우를 생각하면 됩니다.

자가용이 있고 아내가 기다리는 집으로 볼일을 다 본 듯 남자가 집을 향하는 모습입니다. 지(止)자의 반대 자형은 무엇이라고 그랬죠? 예, 바로 '뒤져올 치(夂)'자입니다. 그리고 보금자리인 움막집은 口자의 형태로 바뀌었습니다. 이 글자는 지금은 '각각 각(各)'이라는 훈으로 읽는데 원래는 '이른다'는 뜻입니다.

각각 각(各)

갑골문   금문   소전   해서

밖에서 다 같이 모여서 생산 활동을 하다가 집에 돌아가게 되면 각각 제 집으로 가야 했기 때문에 '각각'이라는 뜻이 생겨나게 된 것입니다.

그러자 원래의 뜻인 '이르다'의 뜻을 살리기 위해 만든 글자가 '이를 격(格)'자입니다. 음이 '각'에서 '격'으로 바뀌게 되었습니다. 그러나 이 글자도 현재는 형상적인 개념의 '이르다'라는 뜻으로는 쓰이지 않습니다. '이를 격(格)'자가 들어가는 대표적인 말로는 자격(資格)과 격물(格物) 같은 단어가 있습니다.

이를 격(格)

금문　　　소전　　　해서

앞쪽의 자형을 보존하기 위하여 덧붙인 '나무 목(木)'자를 제외하면 나머지 부분은 위의 각(呑)자와 조금도 다르지 않고 똑같습니다. 앞에서 성이나 목표물을 향해 나아가는 모양의 글자가 '발 족(疋)'자라고 했습니다. 그리고 밖에서 이쪽으로 향해 오는 글자가 '각각 각(呑)'자라고 했지요. 그럼 이 두 글자를 합치면 무슨 뜻이 될까요?

고색창연한 유물이 배경으로 보이는 거리를 사람들이 떼를 지어 오기도 하고 가기도 합니다. 이렇게 사람들이 오가는 곳을 뭐라 그러죠? 바로 길입니다. 길은 위에서 넌지시 암시한 것처럼 '발 족(足)'자와 '각각 각(各)'자를 합친 글자입니다. 행인이 오가는 곳이 바로 길이라는 것이지요.

길 로(路)　　金文　　金文大篆　　小篆　　楷書

이런 글자를 볼 때마다 느끼는 점이 글자, 특히 한자를 만든 사람들은 얼마나 머리가 좋았을까, 하는 것입니다. 요즘 중국에서는 카드를 上과 下가 하나로 붙은 글자인 卡(카)를 쓰잖아요? 카드는 위에서 아래로 긁어서 쓰는 거니까 그렇게 만든 거죠. 정말 머리가 좋은 사람들이라는 생각입니다.

건강을 위해서는 한 번씩 외출이라도 하는 것이 좋다고 앞에서 말했는데, 이왕이면 걷는 것보다는 달리기를 하는 것이 보다 건강에 더 도움이 될 것입니다.

팔다리를 앞뒤로 놀리며 멋진 폼으로 달리기를 하고 있습니다. 이렇게 달리는 사람에다가 달리는 발을 강조한 글자가 있습니다. 바로 '달릴 주(走)'자입니다.

달릴 주(走)

금문　　금문대전　　소전　　해서

윗부분은 '큰 대(大)'자입니다. 그냥 땅을 딛고 서 있는 것이 아니라 가랑이를 한껏 벌렸음을 강조한 것이죠. 그러다보니 그만 토(土, 혹은 士)자처럼 모양이 조금 바뀌었습니다. 옛날에는 달리기를 할 필요가 별로 없었을 것이므로 이 글자의 훈은 '달아나다'라고도 합니다. 그럼 '달릴 주(走)'보다 세 배 정도 빨리 달리면 어떻게 될까요? 실제 문자에서는 세 개를 표시하면 극한을 나타내는 것이라고 말한 적이 있죠? 이 글자는 윗부분의 모습은 같은데 아래쪽에 발 세 개를 그려 놓아서 많이 빠르다는 것을 나타내었습니다. 이 글자가 바로 '달릴 분(奔)'자입니다.

달릴 분(奔)

금문　　금문대전　　소전　　해서

이 사람 저 사람이 모여 경주(競走)를 하다 보면 매우 분주(奔走)해지겠죠? 2011년에 대구서 세계육상선수권대회를 치르느라 분주해진 적이 있습니다. 그때 장안의 화제는 오직 우사인 볼트라는 스타 스프린터였던 것으로 기억합니다.

우사인 볼트가 다른 선수들보다 한발 앞서 용수철이 튀듯 뛰쳐나가고 있습니다. 이렇게 출발선에서 남보다 한 걸음 앞선 위치에 있는 사람을 표시한 글자가 바로 '먼저 선(先)'자입니다.

먼저 선(先)

갑골문   금문   소전   해서

그러나 지나친 긴장감 때문에 그랬을까요? 우사인 볼트가 남들보다 한 걸음 먼저 뛰쳐나간 것은 좋았지만 부정 출발로 실격되고 말았지요. 사람들은 어디서나 정정당당하게 승부 해야 한다는 걸 깨우친 사건입니다.

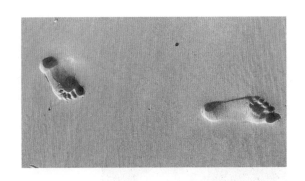

발자국이 똑바로 나 있지 않네요. 당장 바쁜 일이 없어서 이리저리 한 가로이 돌아다니는 모양입니다. 이런 경우에는 발자국에 일관성이 없게 됩니다. 이를 문자로 나타내면 다음과 같은 모양이 될 것입니다.

어그러질 천(舛)

금문대전　　소전　　해서

이 글자는 어디서 본 것 같은 느낌이 듭니다. 아항~ 바로 앞에서 본 '내릴 강(夅)'자와 비슷하네요. '내릴 강(夅)'자가 아래쪽으로 향한 발자국을 위아래로 놓은 반면에 이 글자는 왼쪽 오른쪽으로 배치를 한 것이 다르네요. 발자국, 곧 스텝이 어긋나게 되는 동작은 춤출 때 가장 보편적으로 보이는 현상입니다. 좁은 장소에서 스텝을 엉키게 해서 몸을 흔들어야 제대로 춤을 출 수 있겠지요.

© 이재봉

　장삼을 휘저으며 춤을 추는 여인의 자태가 참으로 곱습니다. 이 사진
에서 추는 춤을 보면 실제는 승무가 아니지만 절로 시인 조지훈의 대표
작이랄 수 있는 「승무(僧舞)」가 생각납니다. 특히 이 장면에 어울릴 만한
시구는 "돌아설 듯 날아가며 사뿐히 접어 올린 외씨보선이여"라는 부분
이 아닌가 합니다. 외씨 보선을 신은 채 '돌아설 듯'이라 한 것은 바로 사
진처럼 엇갈린 스텝을 말해 주는 것이겠지요. 이렇게 두 발의 스텝을 이
용해 춤을 추는 글자가 바로 '춤출 무(舞)'자입니다.

춤출 무(舞)

갑골문　　금문　　소전　　해서

'춤출 무(舞)'자의 갑골문은 위 사진처럼 춤사위가 더 멋지게 보이려고 소매가 길어 보이게끔 쇠꼬리 같은 물건을 들고 있는 모습입니다. 일찍부터 '장수선무(長袖善舞)'라는 말이 있어 왔는데 이 말은 "소매가 길면 춤을 잘 춘다"는 뜻입니다. 환경이 받쳐 주면 그 방면의 일을 하기가 그만큼 훨씬 수월하다는 뜻이지요. 그러다가 금문에서부터는 춤을 추는 스텝인 왼발과 오른발을 첨가하였습니다. 그러나 금문서부터는 이 글자가 '없을 무(無)'자의 뜻으로 차용되기 시작하였습니다. 그렇게 보는 가장 큰 이유는 '춤출 무(舞)'자가 이미 갑골문에서부터 보이는 반면 '없을 무(無)'자는 금문에서부터 보이기 때문입니다.

없을 무(無)

위 시대별 자형을 보면 '없을 무(無)'자는 '춤출 무(舞)'자에서 발을 표시하는 부분이 없는 것임을 알 수 있습니다. 그 부분은 나중에 예서에서부터 그냥 점 네 개로 표현되게 됩니다. '춤출 무(舞)'자가 먼저 생겨서 발음이 같다는 이유로 '없을 무(無)'자의 뜻으로 바뀌어 갔음을 알 수 있습니다.

운동회 준비를 하고 있는 모양입니다. 두 어린이가 발을 한데 묶고 이인삼각(二人三脚) 경주를 준비하고 있습니다. 요즘은 구멍 뚫린 땅콩 같은 모형의 이인삼각을 하는 도구도 있어서 저렇게 직접 헝겊끈으로 묶

는 경우를 보는 것이 흔한 일은 아닙니다. 아무려나 두 발을 묶고 달리려면 무엇보다도 두 사람의 호흡이 잘 맞아야 합니다. 그렇지 않을 경우에는 그냥 발을 한데 묶어 놓아 달리기를 방해하는 꼴밖에 안 되겠죠? 그럼 다른 일행들은 모두 저만치 앞서가고 두 사람은 가장 처지게 될 것입니다. 이를 표현한 문자가 바로 '뒤 후(後)'자입니다.

뒤 후(後)

금문   금문대전   소전   해서

　길을 나타내는 '조금걸을 척(彳)', 우리는 그냥 '두인 변'이라고 하는 부방 옆에 실로 발을 묶은 모습을 보여 주는 글자입니다. 행인의 발을 묶어 놓았으니 남보다 뒤로 처지리라는 것은 안 봐도 알 수 있겠죠.
　발 및 걸음과 관련된 한자가 이렇게 많습니다. 한자에서 그만큼 많이 언급되는 것은 실로 효용이 그만큼 많았다는 뜻이겠지요.

손

手,左,又,右,有,爪,争,受,反,友,共,父,寸,寺,失,看

손은 감각기관을 빼면 동물과 사람을 구별 짓는 가장 특징적인 부분이 아닌가 합니다. 사람이 직립하면서 앞발이 손으로 독립을 하고, 도구를 다루게 되면서 비로소 만물의 영장이 된 것이 아닌가 하는 것이 저의 생각입니다. 지금 이 순간 제가 생각을 하고 그 생각을 이렇게 정리하는 도구가 바로 손입니다.

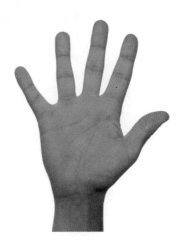

이 사진은 손입니다. 그러나 이 손은 갑골편에 따라 좌우가 바뀌어 있는 형태가 많습니다. 그 이유는 갑골문이 거북 등의 중간을 기준으로 좌우 대칭으로 쓴 이유도 있겠지만 좌우의 구분이 없는 손을 대표하기 때문일 것입니다.

손수(手)   금문   금문대전   소서   해서

손가락 다섯 개가 문자에 고스란히 나타나 있습니다. 이렇게 '대표손'은 나중에 'ᅔ'의 모양으로 간략화하여 손과 관련 있는 한자의 형체소를 나타내게 됩니다.

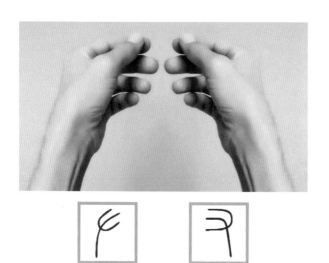

왼손(左)   오른손(右)

예로부터 한자에는 왼손과 오른손을 구분하여 쓴 자형이 보입니다. '손 수(手)'자가 손가락 다섯 개를 다 표현한 데 비하여, 위의 자형은 손가락이 포크 형태로 바뀌어 세 개씩밖에 없습니다. 그리고 처음에는 사진처럼 왼손과 오른손을 구분하여 표시하였던 것이죠. 이는 대체로 두 손을 다 표현하거나, 특정한 한 손으로 무슨 일을 할 때 이렇게 표현하였습니다. 지금의 '왼 좌(左)'자에는 이미 위처럼 왼손을 나타내는 글자만 남은 것은 없습니다. 공구로 추정되는 물건인 工자 모양을 쥔 손으로 대체된 지가 이미 오래되었습니다. 반면에 오른손을 나타내는 '또 우(又)'자는 지금까지도 남아 있습니다. 어느 순간 단독으로는 손을 나타내는 뜻으로 쓰이지 않게 되면서 취(取)와 제(祭) 등 글자의 일부로만 쓰이게 되었습니다.

왼 좌(左)			
금문	금문대전	소전	해서

오른손[또] 우(右)			
갑골문	금문	금문대전	해서

오른 우(右)			
금문	금문대전	소전	해서

어느 순간 오른손을 나타내는 글자는 '또 우(又)'자를 사용하지 않고 지금 현재 쓰는 우(右)자로 바뀌고 말았습니다. 이 글자는 우(又)자를 대체하기 위해 나타난 듯 우(又)자가 갑골문부터 보이는 데 비해 금문부터 보이기 시작하고, 그나마 금문은 좌(左)자의 자형과 口의 모양만 다를 뿐임을 알게 됩니다. 손을 나타내는 부위가 슬슬 하나로 통일되기 시작하는 것입니다.

위의 설명대로 보자면 유(有)자는 원래 왼손으로 고기를 든 형태입니다. 다음의 사진처럼 말입니다.

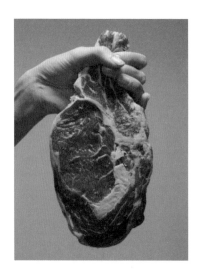

그러나 위에서 말한 것처럼 한 손만 나타내는 것은 왼손 오른손의 구분이 없이 그냥 글자의 한 부분으로만 남게 되었습니다. 유(有)자도 원래 꼭 고기를 든 왼손을 나타낸 것이 아니라 뜻이 확장되어 고기를 든 손이 되었다가, 최종적으로 '고기를 가지다'의 뜻이 되었으며, 마침내 지금처럼 그냥 '가지다'의 뜻으로 정착되게 된 것이지요.

있을유(有)

금문 　　금문대전 　　소전 　　해서

유(有)자의 각종 자형을 보면 손을 나타내는 요소가 모두 오른손을 나타내는 우(又)자의 형태를 띠고 있음을 알 수 있습니다. 벌써부터 오른손 왼손을 구분하지 않기 시작하였다는 것을 나타내는 것이지요.

아래 사진처럼 오른손으로 고기를 들고 제단에 올려놓는 것을 표현한 글자는 위에서 언급한 적이 있는 '제사 제(祭)'자입니다. 제단을 나타내는 '보일 시(示)'자를 빼면 바로 그 모습입니다. 실제 제(祭)자의 갑골문에는 '보일 시(示)'자가 없습니다.

제사제(祭)

갑골문

고기를 나타내는, 나중에는 月의 형태로 바뀌는 자형 및 오른손인 우(又)자의 중간에 있는 점 세 개는 생고기에서 떨어지는 핏방울입니다. 문자에서는 점 하나도 허투루 쓰지 않았음을 보여 주는 것입니다.

양손을 그냥 표현한 것 외에 손은 또 무언가를 움켜쥐려고 하는 동작을 보일 수도 있습니다.

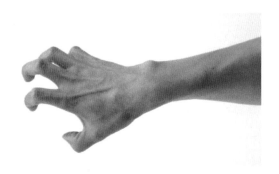

그 글자가 바로 '손톱 조(爪)'자입니다. 움켜쥐려는 손의 끝에 손톱이 있기 때문에 아마 그런 훈을 붙인 것 같습니다. 그래서 조(爪)자는 뭔가 채집 등 활동적인 모양을 하는 손을 나타내는 글자에 많이 쓰입니다. 대표적인 글자가 채(采)자입니다. 나무에서 열매를 따는 모양을 나타낸 것입니다. 그러나 조(爪)자는 사실 위쪽에 있는 손을 나타내는 경우가 많습니다.

손톱 조(爪)

금문　　　　금문대전　　　소전　　　　해서

두 사람이 줄다리기를 하는 모양입니다. 아래의 간단한 그림처럼 서로 '내 것!' '내 것!' 하면서 다투는 모양입니다. 이런 모양을 나타낸 것이 바로 '다툴 쟁(爭)'자입니다.

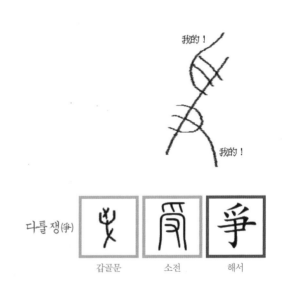

다툴 쟁(爭)

| 갑골문 | 소전 | 해서 |

원래는 쇠뿔로 짐작되는 물건을 가지고 두 사람이 (한 손으로) 다투는 것이었는데 나중에는 모양이 간략화하여 그냥 막대 모양으로 바뀐 것이죠.

　두 사람이 곱게 포장한 선물을 주고받는 흐뭇한 광경입니다. 설 추석 등 명절 때, 그리고 입학 졸업, 생일 등 인생에 있어서 중요한 행사 때면 사람들에게 선물을 받기도 하고, 또 기대를 가지고 은근히 기다리던 설렘을 잊을 수가 없습니다. 사진을 보면 왼쪽에서 오른쪽으로 이미 선물을 건넨 것인지, 아니면 오른쪽에서 왼쪽으로 막 선물을 주려는 것인지 알 길이 없습니다. 이렇게 둘이서 물건을 주고받는 한자는 바로 '받을 수(受)'자입니다.

받을 수(受)

| 갑골문 | 금문 | 소전 | 해서 |

　위 손(爪)과 아래손(又)자 사이에 놓인 형태는 문자학자들 사이에 아직도 '채반일 것이다', '배를 사이에 두고 물물교환을 하는 것일 것이다' 등 이설이 많습니다. 그러나 여기서는 '무엇인가'가 중요한 것이 아니라 그

주고받는 '무엇'이 중요하다고 생각합니다. 옛날에는 이 글자 한 자로 주는 것과 받는 것을 모두 표현하였습니다. 말하자면 방향이 없었던 것이지요. 그러나 이렇게 쓰다 보니 후대로 내려오면서 자꾸만 뜻이 분화되고 새로운 개념이 생겨나자 준다는 뜻은 글자를 달리하게 되었습니다. 이 글자의 앞에 '손 수(手, 扌)'자를 하나 덧붙여서 뜻을 분화시킨 것이지요. 그 글자가 바로 '줄 수(授)'자 입니다. 수(授)자에는 손을 나타내는 요소가 셋입니다. 이런 예는 다른 데서도 얼마든지 더 찾아볼 수 있습니다.

　황혼을 배경으로 멋진 록 클라이밍, 아니 우리말을 써야겠죠? 암벽 등반(登攀)을 하고 있습니다. 책상머리만 오가는 저로서는 참으로 생각조차 품지 못할 부러운 운동입니다. 요즘은 실내 암벽 등반을 하는 곳도 많은데 그래도 저로서는 용기를 내기가 쉽지 않습니다.

　암벽 등반을 하는 손은 위의 사진과 같습니다. 미끄러지지 않게 송진을 손에 잔뜩 바르고 바위의 돌출된 부분을 하나하나 찾아가며 잡고 기어오르는 것입니다. 위에서 등반은 한자로 '登攀'이라고 썼습니다. 이攀자는 우리 훈으로 '더위잡고오르다'인데, 곧 무엇을 잡고 기어오른다는 뜻입니다. 그러나 뜻밖에도 이 '攀'자의 본자는 '되돌릴 반(反)'자입니다. 두 글자 모두 우리 음이 같다는 데 주의를 기울이기 바랍니다.

되돌릴 반(反)

금문　　금문대전　　소전　　해서

　금문을 보면 암벽 등반 사진과 겹쳐집니다. 첫째 사진 같은 벼랑(厂)을 둘째 사진처럼 오른손(又)으로 기어오르는 것이죠. 그러나 저렇게 기어오르다가 자칫하여 아차 실수라도 하게 되면 단박에 오르던 지점으로 원점회귀하게 되리라는 것은 불문가지입니다. 중력의 법칙을 거스른 대가지요. 그래서 '되돌아오다'라는 뜻으로 쓰이게 된 것입니다.

　두 손을 맞잡은 모습이 참으로 보기 좋습니다. 서양에서는 동성 간에는 이렇게 대놓고 손을 잡고 다니지 못한다고 합니다. 이런 행위는 동성애를 하는 사람임을 나타낸다는 것이지요. 우리나라에서도 어른들은 이렇게 잘 하지 않지요. 그러나 여성들은 간혹 이런 모습을 보이기도 합니다. 친밀함과 우정을 과시하는 것입니다. 서양인들이 한국에 와서 처음에는 손을 잡자는 말에 (위의 이유로) 기겁을 하다가 나중에는 친밀감의 표시로 더 나은 것이 없다고 생각을 한다네요. 물론 여성들의 경우에 말입니다.

　이렇게 서로 손을 맞잡은 형태의 글자가 바로 '벗 우(友)'자입니다. 위에서 말한 것처럼 손을 이렇게 맞잡음으로 인하여 더없는 우정(友情)을 과시하는 것이지요.

벗 우(友)　

갑골문　　　금문　　　소전　　　해서

그러나 제 생각으로는 위의 사진처럼 두 손을 맞잡는 것보다 아래 사진처럼 포개어서 잡는 것이 더 친밀할 것이라는 생각이 듭니다.

제가 다니던 성당에서 성지순례를 간 적이 있습니다. 제 옆에 앉은 부부가 저렇게 손에 손을 포개어서 잡고 있었지요. 위 '벗 우(友)'자의 형태와 보다 더 일치하는 것 같습니다. 사실 부부만큼 가까운 평생의 지기(知己)가 또 있을까요?

위에서 손과 관련된 많은 한자를 알아보았는데 특이한 점 하나 발견하지 못하였는지요? 음가에서 말입니다. 음이 같은 계열의 것이 많아 우(又, you), 우(右, you), 유(有, you), 우(友, you)로 난다는 사실입니다. 사실상 모두 하나의 글자에서 파생된 글자들임을 나타내는 것이 아닌가 생각됩니다.

한 사람이 앞도 보이지 않게 물건을 많이 들고 가네요. 이렇게 두 손으로 물건을 드는 모양을 나타낸 한자가 바로 '함께 공(共)'자입니다.

함께 공(共)

금문

금문대전

소전

해서

글자에서 두 손으로 받쳐들고 있는 물건은 상당히 귀중한 물건이었을 것입니다. 일찍부터 문자에 나타나는 것을 보면 제례(祭禮) 같은 아주 중요한 의식에서 행하는 일일 것입니다. 어쨌건 저렇게 두 손을 맞잡고 물건을 들게 되면 껴안는 모습을 하겠죠. 껴안다 보니 두 손이 자연스레 함께 합쳐지게 됩니다. 그래서 공(共)자는 그만 '함께'라는 뜻으로 자리를 내주고 원래처럼 껴안는다는 뜻의 글자는 다시 '손 수(手, 扌)'자를 하나 더 붙여 '두손맞잡을 공(拱)'자가 되었습니다. 한편 위의 글자 풀이에서 나왔듯이 '함께 공(共)'자는 중요한 제례에서 물건을 바친다는 뜻에서 '줄 공(供)'자의 뜻도 함께 지니게 되었습니다. 그런데 예서(隸書)부터는 손을 나타내는 부위가 '여덟 팔(八)'자 모양으로 바뀌었고 옥편에서 찾을 때도 실제 그 부수에서 찾아야 합니다. 문자의 발전 과정에서 대단히 불합리한 사태가 발생한 것이지요. 어찌 보면 발전이 아니라 퇴보를 한 것이 아닌가 느껴질 정도입니다. 이런 경우는 가끔 보이는데 '군사 병(兵)'자와 '줄 여(輿)'자 같은 데서 예를 찾아볼 수 있습니다. 병(兵)자는 두 손으로 도끼 같은 무기를 들고 있는 모양입니다. 그리고 여(輿)자는 두 손으로 어떤 물건을 주자 두 손으로 받는 모양입니다.

병(兵)

소전

여(輿)

소전

두 손을 나타내는 자형이라도 위쪽은 손을 '절구 구(臼)'자 모양으로 더 구체적으로 그린 것이 특이합니다. 이런 예는 학(學)자나 흥(興)자 등에서도 보입니다.

인간이 동물들과 다른 점은 도구를 쓰는 것이라고 그랬죠? 인류 최초의 도구는 아마 뗀석기(우리 학교 다닐 때는 타제석기라고 배웠는데⋯⋯)일 것입니다. 다음의 사진은 뗀석기인 자루가 없는 손도끼를 손에 들고 있는 모양입니다. 저런 도구를 수백 년간 사용하다가 간석기(마제석기)를 쓰더니,

기술의 진보 속도가 점점 빨라졌습니다. 현대는 1년의 속도 변화가 과거의 몇 백 년, 아니 몇 천 년에 걸친 것보다 더 빠르게 되었습니다.

이렇게 오른손으로 자루가 없는 손도끼를 들고 있는 것을 나타낸 문자가 바로 '아비 부(父)'자입니다.

아비 부(父)

| 갑골문 | 금문 | 금문대전 | 소전 | 해서 |

도끼를 들고 있는 손이 어떻게 아버지와 상관이 있느냐고요? 도끼는 연장이나 도구가 거의 손돌도끼밖에(?) 없던 시절에는 거의 유일한 생산 도구지요. 집에서 생산자의 위치에 있는 사람이 누구겠습니까? 요즘이나 옛날이나 그런 사정은 다 마찬가지인 것 같습니다. 요즘은 맞벌이 부부도 많지만 그래도 온식구를 먹여살리는 데 주도적인 역할을 하는 사람은 아무래도 아버지일 것입니다. 다만 손으로 생산 도구인 도끼를 대신하는 펜이나 컴퓨터 자판 등을 조작하는 것이 다를 뿐이겠지요.

오른손의 손가락을 손목쪽으로 살짝 구부렸네요. 손이 있는 곳에서 맥박을 느낄 수 있는 손목까지의 거리는 얼마나 될까요? 옛날 한의에서는 약 한 치(一寸)쯤 되었다고 합니다.

손이 있는 곳에서 손목까지의 거리를 나타내기 위해 만든 글자가 바로 '마디 촌(寸)'자입니다.

마디 촌(寸)

금문대전   소전   해서

오른손을 나타내는 우(又)자에다가 맥박을 느낄 수 있는 손목 지점에 지사부호인 짧은 선을 그은 것입니다. 이런 이유로 촌(寸)자는 손을 나타내는 글자의 요소로 많이 쓰이게 됩니다. 대표적인 글자를 들자면 '쏠 사(射)'자와 아래에서 살펴볼 '절 사(寺)'자 같은 예가 있습니다.

　지난 시즌을 끝으로 은퇴한 뉴욕 양키스의 영원한 정신적 지주이자 캡틴인 데릭 지터입니다. 빼어난 수비에 수려한 용모, 신사적인 매너 등 참으로 모범적인 선수입니다. 지터의 빼어난 수비는 실책을 하면 뉴스 거리가 될 정도입니다. 위의 경우처럼 말이죠. 거의 잡았던 공을 놓치고 안타까워하는 표정이 얼굴에 역력히 드러나고 있습니다. 팽팽한 경기의 흐름을 일순간에 바꿔 놓을 수도 있는 저런 실책은 정말 치명적일 때가 많습니다. 저렇게 공을 놓치는 것을 펌블(fumble)라고 하는데 목수 등이 연장을 놓친다는 뜻에서 나왔습니다. 야구선수의 연장은 공이니까 적절한 표현이라 하겠습니다. 한자 '잃을 실(失)'자는 바로 손에서 연장 따위의 어떤 물건을 놓친 모양을 표현한 것입니다.

잃을 실(失)

금문대전에서는 '손 수(手)'자와 손에서 떨어지는 물건이 비교적 명확하게 표시가 되어 있는 편인데 소전에서는 손목을 나타내는 부위와 손에서 떨어지는 물건이 하나로 이어져 구분하기가 좀 힘듭니다. 떨어지는 물건은 특정한 사물을 지칭하지 않으므로 지사부호로 봐야겠죠?

한편 손은 먼 곳을 볼 때 도움을 주기도 합니다. 빛이 나거나 시야를 더 좁혀서 선명하게 보기 위한 일련의 동작들을 생각해 보면 알 수 있을 것입니다. 한 손이나 두 손 모두를 눈 위에 얹어서 먼 곳을 응시하는 모습은 밝은 곳에서 어디를 살펴보자면 무의식 중에 나오는 동작이기도 합니다. 다음의 사진처럼 말이죠.

빛이 시야를 많이 방해하는지 손으로 두 눈을 가리고도 눈을 찌푸리고 있네요. 골프를 칠 때 퍼팅 라인을 읽거나 눈부시게 밝은 햇살이 쏟아지는 여름 바다의 요트 위, 또는 백사장이나 설원 같은 곳에서 먼 곳을 보거나 자세히 보려고 할 때 흔히 볼 수 있는 광경입니다. 이렇게 손을 눈 위에 얹고 어딘가를 응시하는 모습을 표현한 글자가 바로 '볼 간(看)'자입니다.

볼 간(看)

금문대전　　　소전　　　해서

　'볼 간(看)'자는 사신이나 자형에서 나타나듯 의도적으로 어딘가를 응시한다는 뜻을 지니고 있습니다. 대표적인 예로 달리는 말 위에서 산을 구경한다는 '주마간산(走馬看山)' 같은 것이 있습니다. 그야말로 구경을 한다는 뜻이 바로 '볼 간(看)'자입니다.

　발과 관련된 한자가 그렇게 많더니 손과 관련된 글자도 상당히 많은 것 같습니다. 마지막으로 한 자만 더 살펴볼까요? 이번에는 발과 손을 함께 그려 넣은 글자입니다. 바로 '寺'자입니다. 이 글자는 위쪽은 발을 나타내는 글자인 '止'와 위에서 손을 나타내는 글자라고 말한 적이 있는 '寸'자가 이래위로 나란히 붙어 있습니다. 우리나라에서는 대표 훈을 '절'이라고 하니 일단 '절 사(寺)'자라고 해두겠습니다.

절 사(寺)

금문　　　금문대전　　　소전　　　해서

　그러나 이 글자는 변수가 많은 글자입니다. 손과 발이 한데 있는 글자이긴 하지만 사실상 둘의 연관관계는 없습니다. 지금은 토(土 혹은 土)자의 형태로 변한 지(止)자는 사실 이 글자의 음을 나타내는 음소로 쓰인 글자입니다. 곧 이 글자는 지금의 '가질 지(持)'자의 원래 자입니다. 한편 이 글자의 음은 원래 지(止)자와 같은 계열의 음인 '시'로 읽었습니다. 옛날 태상시(太常寺)나 홍려시(鴻臚寺) 같은 관서를 나타내는 글자였습니다. 남자 내관을 내시라고 하는데 원래는 '內寺'라고 썼습니다. 이 관서를 나타내는 글자가 불교가 들어오면서 승려들이 거처하는 곳을 또 '寺'라고 하였는데 이때는 '사'라고 읽게 되었습니다. 한편 '止'자가 글자의 다른 요소로 쓰이면서 '土'자의 형태로 바뀌게 되는 경우는 종종 볼 수가 있는데 '달릴 주(走)'자와 '뜻 지(志)'자 같은 경우가 있습니다. '달릴 주(走)'자는 이미 발과 관련된 한자에서 살펴보았고, '뜻 지(志)'자는 '심지소지(心之所止(之))' 곧 "마음(心)이 가는(止, 之) 곳"이라는 뜻입니다. 마음이 그리로 가야 뜻이 생기는 것 아니겠습니까?

손과 관련된 글자를 정리하다 보니 이만큼 많은 줄을 미처 깨닫지 못했습니다.

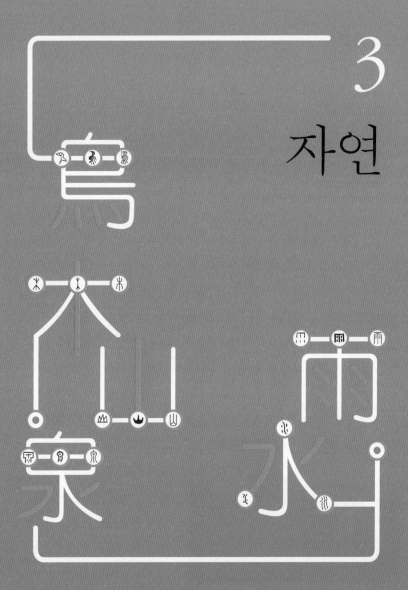

3

자연

산

山, 丘(邱), 岳(嶽)

아래 사진은 삼각산(三角山)입니다. 보는 위치에 따라 모양이 각기 다르다고 하지요. 병자호란 때 소현세자와 봉림대군 두 왕자 및 김상헌과 홍익한, 윤집, 오달제의 삼학사가 잡혀가면서 눈물을 흘리며 돌아보았다는 산이지요. 특히 김상헌이 "가노라 삼각산아 다시 보자 한강수야……"라는 시조를 읊어서 더욱 유명해진 산입니다. 한자 '메 산(山)'자는 바로 삼각산 같이 세 봉우리가 삐죽 솟은 것을 형상화한 한자입니다. 물론 여기서 말하는 삼각은 사진처럼 세 개의 봉우리가 솟은 모양을 가리키는 것이지 실제 삼각형(△)의 도형을 나타내는 것은 아니지요. 아마 삼각형의

봉우리가 하나만 있다면 다음의 미국의 유명 메이저 영화사 중 하나인 파라마운트사에서 로고로 쓸 정도로 유명한 스위스의 마터호른산 같은 모양이 될 것입니다.

위 삼각산의 사진에서 산의 글자 모양이 확실히 드러나지 않는다면 만년설이 덮인 에베레스트 산맥의 세 봉우리를 보면 모양이 확실해집니다. 가운데 봉우리가 조금만 더 높이 솟았으면 금상첨화였을 텐데요.

다음은 '메 산(山)'자의 시대별 자형입니다.

| 메 산(山) | 갑골문 | 금문 | 금문대전 | 소전 | 해서 |

특히 갑골문 산(山)자는 글자나 사진이나 모양이 아주 똑같죠? 저렇게 비교적 단순한 모양을 문자화하기는 아주 쉬웠을 것 같은 생각이 드네요.

중국 섬서성에 있는 화산의 셔틀버스 정류장입니다. 화산이라고 하는 간판이 정말 멋지지 않습니까? 옛 '메산(山)'자를 활용한 멋진 간판입니다. 함께 간 IT 관련 벤처기업을 운영하시는 분이 처음 보는 순간 "정말 멋진 도안이다"라면서 무릎을 탁 칠 정도였습니다.

반면에 평지에 언덕이 완만하게 구불구불 이어진 것을 한자로는 뭐라고 할까요? 바로 언덕 '구(丘)'자가 그런 모양을 나타낸 한자입니다.

바로 위의 사진 같은 것을 표현한 한자가 '구(丘)'자입니다. 멋진 구름이 푸른 하늘을 배경으로 언덕 위에 두둥실 떠 있는 것이 당장 소풍이라도 떠나고 싶게 만드는 것 같습니다.

구(丘) 갑골문 금문 금문대전 소전 해서

사진과 글자를 놓고 보면 그다지 닮지 않은 것 같기도 합니다. 그러나 금문대전의 글자는 산의 세 봉우리 가운데 가장 높은 가운데 봉우리가 없는 언덕을 그림으로 표현하였음을 완연하게 보여 주고 있습니다.

대구(大邱)라고 할 때의 구(邱)자도 바로 언덕 구자입니다. 원래 대구는 한자로 '大丘'라고 표기를 했습니다. 그런데 영조 26년(1750) 대구의 이양채(李亮采)라는 유생이 대구의 구(丘)자가 공자의 이름과 같은 자이므로 성현에게 누를 끼칠 우려가 있다 하여 구(邱)로 바꾸었으면 한다는 내용의 상소문을 올렸다고 합니다. 그 당시에는 이 상소가 받아들여지지 않았으나 이후 차츰차츰 丘와 邱를 혼용하다가 철종 때부터는 완전히 구(邱)자만 쓰게 되었다고 합니다. 그래서 옛 지도를 판별하는 데 어떤 글자를 썼느냐에 따라 제작 시기가 이 전후임을 알 수 있게 되었습니다. 이는 좋게 보면 공자의 이름을 사용하기 꺼릴[避諱] 정도로 정도로 대구의 문풍(文風)이 강했다고도 볼 수 있겠지만 또 어떻게 보면 지나친 사대주의적 발상이라고도 할 수 있겠습니다.

　산이 여러 개 포개져서 아주 보기가 좋죠. 아마 이 앞에 언덕이라도 하나 있으면 더욱 멋질 것 같습니다. 아래의 사진처럼 말이지요.

　만년설인 듯한 설산을 배경으로 펼쳐진 언덕이 아름답기 그지없습니다.

앞의 사진은 앞의 좀 야트막해 보이는 산의 푸른 모습이 보기 좋습니다. 마치 영화 〈사운드 오브 뮤직〉의 한 장면 같습니다. 금방이라도 마리아 수녀가 설산을 배경으로 이런 야산에서 노래를 부르며 달려나올 것같습니다. 이렇게 야트막한 언덕과 높은 산이 결합된 글자가 바로 '큰산 악(岳)'자입니다. '큰산 악(岳)'자는 또 '악(嶽)'이라 표기하기도 합니다.

큰산 악(岳)

갑골문   소전   해서

위의 악자를 보면 갑골문에서는 분명히 상형문자로 산(山)과 구(丘)가 더하여진 글자라는 것을 알 수 있습니다. 그런데 무슨 이유에서인지 소전에 오면 이 악자는 형성자인 악(嶽)자로 바뀌어 있습니다. 산(山)이 형체소이고 옥(獄)이 음소인 형성자이지요.

우리나라에도 중국에도 '큰산 악(岳)'자가 붙은 산이 많습니다. 우리나라에서는 설악산, 월악산, 치악산, 관악산 등이 있고, 중국에는 중국에는 오악이 있죠. 동악인 태산, 서악인 화산, 북악인 항산, 남악인 형산 그리고 중악인 숭산까지 말입니다. 우리나라와 다른 점은 중국의 오악에는 산 이름 자체에는 악자가 들어가지 않는다는 점입니다. 우리나라에서는 악자가 들어가면 보통 험산을 말합니다. 위의 산들만 생각해 봐도 알 수가 있을 것입니다. 그러나 중국에서는 악자가 들어가면 보통 산이 아니라 산의 격이 높아집니다. 숭배의 대상이 되는 것이지요. 그 가운데 태산은 특히 진시황과 한무제, 청나라의 황제 등 위대한 업적을 세운 임금들이 봉선제(封禪祭)를 지낸 곳으로 유명합니다. 오악의 주변에는 오악을 제사지내는 악묘(岳廟)가 다 있습니다. 우리 연구소에서도 이 가운데 태산과 형산, 그리고 화산의 악묘를 다녀온 바가 있습니다. 나머지 두 군데도 언젠가는 다 가보겠죠?

물

泉, 井, 原(源), 水, 川, 州(洲)

이번에는 물과 관련된 한자들에 대하여 알아보겠습니다.

물은 어릴 적 읽은 기억이 있는 동시의 한 구절인 "바닷물도 한 숟가락에서부터"처럼 매우 작은 수량으로 시작합니다. 그러다가 「용비어천가(龍飛御天歌)」에서 읊은 것처럼 "흘러서 내를 이루어 반드시 바다에까지 이르게(流斯爲川, 于海必達)" 됩니다.

물은 모든 생물들에게 없어서는 안 되는 것입니다. 옛날 사람들이 강이나 하천 가에 마을을 형성하고 산 것은 바로 그 때문입니다. 큰 홍수가 져서 하천이 범람하여 속수무책으로 당하여도 달리 방법이 없었던 것입니다. 사람들이 내륙으로 이동하게 된 것은 우물을 뚫는 기술인 관정 기술이 발달하면서였습니다. 그래도 사람들은 우물 가지고는 많은 사람들이 한꺼번에 모여 살 수가 없었지요. 특히 유목민족들에게는 샘이 곧 자기네 생명과 같았습니다. 영화 〈아리비아의 로렌스〉를 보면 로렌스를 인도하던 사람이 남의 우물물을 떠 마시다가 죽음을 당하는 장면이 나오지요.

샘은 암반을 뚫고 지하수가 용출되는 것을 말합니다. 위의 사진처럼 말이죠. 이런 경우는 정말 운이 좋은 경우입니다. 관정을 하지 않아도 물을 얻을 수 있으니까요. 이렇게 바위 구멍에서 물이 흘러나오는 것을 표현한 한자가 바로 '샘 천(泉)'자입니다.

샘 천(泉)

바위 구멍에서 물이 흘러나오는 모양인데, 물방울처럼 보이던 것이 소전에서는 하나의 가느다란 물줄기 모양으로 바뀌었습니다. 위의 사진을 거꾸로 놓으면 '샘 천(泉)'자의 고대 자형과 아주 흡사하지 않겠습니까? 이런 지하 암반수를 우리는 광천수(鑛泉水)라 그럽니다. 곧 시중에서 파는 대부분의 생수가 바로 광천수입니다. 중국에서는 수질이 나빠 우리나라 사람들이 중국을 처음으로 관광할 당시에 벌써 광천수, 곧 생수가 시판되어 사먹어야 했습니다. 반면에 수맥이 땅속 깊은 곳의 암반 틈으로 흐르는 것을 뚫어 퍼올린 것을 우리는 우물이라고 합니다. 이 우물은 안동의 도산서원에 있는 열정(冽井)을 보면 금방 이해가 될 것입니다.

바로 도산서원의 열정입니다. 이 우물을 위에서 보면 어떤 모양일까요? 어때요, '우물 정(井)'자가 바로 설명이 되겠죠? 그런데 실제 '우물 정(井)'자는 원래 저렇게 우물의 난간을 표현한 것은 아니었습니다. 우물을 파내려가다 보면 터널을 뚫을 때처럼 흙이 무너지게 됩니다. 그래서 우물로 흙이 무너지지 않게 하기 위해 나무를 가지고 井자 모양으로 내벽을 쌓은 것입니다. 바로 아래 사진처럼 말입니다.

사진은 열정의 내부 모습입니다. 이제는 벌써 옛날 우물의 모습을 관찰할 수 있는 곳이 거의 없기 때문에 그냥 이 사진 정도로 만족을 하는 것이 좋을 것 같습니다. 우리 어릴 때 마을에 있던 공동우물은 모두가 둥근 형태였습니다. 아래는 '우물 정(井)'자의 고대 자형입니다. 아마 처음부터 우물이 원형이었다면 지금 우리가 보는 '우물 정(井)'자는 '큰 입구(口, 에운담몸)'자의 형태 비슷하게 바뀌었을 것입니다.

우물 정(井)

| 갑골문 | 금문 | 금문대전 | 소전 | 해서 |

금문대전과 소전에는 중간에 점이 하나 있는 것이 지금의 자형과는 조금 다릅니다. 개인적인 생각으로는 점이 없다면 이처럼 완벽하게 갑골문부터 해서까지 변화가 없는 자형이 없어서 조금 변화를 준 것이 아닐까 생각을 해봅니다. 그러나 그럴 리는 없을 것이고 아마 우물을 퍼내려면 두레박이나 바가지 등이 있어야 했을 텐데 그런 도구를 표현한 것이 아닐까 합니다. 한자를 모르던 시절에는 '퐁당 퐁'자로 알았던 기억이 납니다. 우물 중간에 돌을 집어 던지면 물결이 일면서 '퐁당' 소리가 났으니 말입니다. 소리와 형상을 잘 조화시킨 경우라고 하겠는데, 이렇게 보면 누구에게나 글자를 만드는 능력이 있는 것이 아닌가 하는 생각을 하게 됩니다.

다시 샘으로 돌아가도록 하겠습니다. 바위 틈으로 나온 물은 많은 경우 동굴이나 벼랑 밑으로 흐르게 됩니다. 위의 사진처럼 말이죠. 이런 물들은 이제 하나의 수원이 되어 언덕으로 흘러가게 될 것입니다. 바로 아래의 글자들은 이제 막 벼랑 밑의 샘에서 물이 흘러나오기 시작하는 것을 표현하였습니다. 바로 지금의 '언덕 원(原)'자입니다.

언덕 원(原)

금문　　　금문대전　　　소전　　　해서

이 '언덕 원(原)'자는 '민엄호(厂)'와 '흰 백(白)', 그리고 '작을 소(小)'자로 구성되어 있습니다. 그러나 이를 좀 더 엄밀히 분석을 해보면 민엄호(厂)가 하나의 요소, 그리고 그 밑의 나머지 부분이 하나의 요소입니다. 민엄호(厂)는 벼랑 내지는 동굴을 나타내는 것이고, 그 밑의 부분들은 바로 위에서 설명했던 '샘 천(泉)'자입니다. 아랫부분의 '물 수(水)'자가 '작을 소(小)'자로 모양이 간략화된 것이지요. 그리고 이 글자의 원래 훈은 바로 '언덕'이 아닌 '근원'입니다. 물의 발원지가 대부분 언덕에 있기 때문에 그런 것이죠. 중국의 젖줄이자 비극, 그리고 중국의 어머니라고 도 불려지는 황하도 언덕의 조그만 물에서 발원을 합니다. 그러니까 황하야말로 옛날부터 중국의 하천의 원천(原泉)이 되는 셈이지요. 그런데 원(原)이 더이상 근원이란 뜻으로 쓰이지 않게 되자 앞에다가 간단하게 '물 수(氵, 水)'자를 덧붙여서 구분을 합니다. 상형자에서 형성자로 바뀌는 순간입니다. 금문대전의 복잡한 글자는 '언덕 원'자의 이체자인 '邍'를 나타낸 것인데, 현재는 쓰이지 않는 글자이므로 몰라도 무방하겠습니다. 다만 알아두면 남들 앞에서 한번 어깨를 '으쓱'할 수는 있겠지요. 한편 소전은 언덕 아래에 있는 샘을 나타내는 모양의 글자를 세 개 써서 나타내기도 하였습니다. 수원(水源)이 많다는 것을 나타낸 것인데, 삼수(氵)변에 있는 원(源)자와 가깝게 생각됩니다.

언덕 원(原)

다른 소전

이제 이 물은 언덕을 지나 제법 가파른 골짜기를 흐르게 될 것입니다. 위의 사진처럼 말입니다. 정말로 산골짜기를 시원하게 흐릅니다. 계곡에서 경사가 제법 심한 곳을 흘러내려 아직 내를 이루지는 않은 모습이네요. '물 수(水)'자는 이런 계곡의 물이 흐르는 모습을 표현한 것입니다.

물 수(水)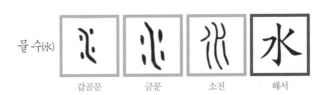

제법 물살이 빠른 듯한 모양을 주 흐름 곁의 점으로 표시를 하였습니다. 물방울이 막 튀면서 격하게 흐르는 모습이 눈에도 선하지 않습니까? 소전에 이르면 '물 수(水)'자의 모양이 완연해집니다.

골짜기에서 흘러내린 물은 큰 물줄기로 합류를 하여 강을 이루게 됩니다. 중국에서는 장강과 황하가 대표적인 강입니다. 특히 우리가 양쯔강이라 부르는 장강은 길이가 6,300km에 달하는데 세계에서 세 번째로 긴 강입니다. 위에서 언급했듯이 황하는 중국인들에게 희망이자 고통이었는데 그 길이가 장장 5,464km이고

고대 문명의 발상지이자 역대 왕조들이 패권을 다투던 곳이었습니다.

장강의 모습입니다. 큰 강을 이루어 도도히 흘러가고 있습니다. 바다에까지 이르려면 아직도 많은 여정을 거쳐야겠죠.

내 천(川)

| 금문 | 금문대전 | 소전 | 해서 |

구불구불 급경사를 이루다 보니 중간중간 섬 같은 것이 생기기도 하네요. 그러나 저런 모습은 하류의 퇴적 침전물로 인한 섬과는 다른 것이지요. 어쨌든 이런 구불구불 완만하게 흐르는 강의 물을 나타낸 글자가 바로 '내 천(川)'자입니다.

'물 수(水)'자와 다른 점은 자체(字體)에서 유속이 느껴지지 않는다는 점일 것입니다. 즉 큰 물줄기 양쪽의 점을 그냥 선으로 처리하여 평지를 흐르느라 흐름이 완만함을 표현한 것이지요. 그러다가 더 하류로 흐르게 되면 침전물이 퇴적되어 물의 방향이 많이 꺾이기도 합니다. 우리나라의 하회마을이나 회룡포 같은 모습을 띠게 되는 것이지요.

회룡포는 육지와 닿은 곳이 10%도 되지 않는다고 합니다. 그 남은 곳마저 물살이 끊어 놓으면 비로소 섬이 되겠지요. 아래 사진처럼 말입니다.

물이 하류로 가면 갈수록 평지에 가까워져 이렇게 섬이 생기게 됩니다. 영어로는 델타(delta)라 하고 한자로는 델타를 그대로 번역한 듯한 삼각주(三角洲), 또는 하중도(河中島)라 합니다. 우리나라에서는 철새의 도래지로 유명한 을숙도나 서울의 여의도 같은 곳이 대표적인 곳입니다. 장강이나 황하 같은 곳은 바다와 접하는 곳이 나팔 모양으로 급격히 넓어져 수백 km나 되는 곳도 있다고 합니다.

그 사이에 얼마나 많은 섬이 있을지는 상상해 보면 알 수 있을 것입니다. '고을 주(州)'자는 원래 강 하구의 이런 섬을 나타낸 문자였습니다.

고을 주(州)

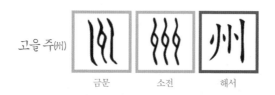

금문   소전   해서

그러니까 '고을 주(州)'자는 '섬 주(洲)'자의 본래 글자입니다. 처음에는 내(川) 중간에 있는 작은 섬을 나타내었는데 소전에 와서 그만 섬이 많아진 것이지요. 그리고 주(州)자는 우리나라에서 천(川)자와 같은 뜻으로 쓰기도 했습니다. 영주(榮州)를 조선시대에는 영천(榮川)이라고 하였거든요. 지금의 대구와 경주 사이에 있는 영천(永川)과는 다른 곳입니다. 그래서 우리에게는 아직도 한자가 필요한 것입니다. 고을 주(州)자에게 섬이라는 뜻을 빼앗긴 후에 섬은 어떻게 바뀌었을까요? 섬 주위에는 물이 있어야 하니까 '물 수(水)'자를 추가하면 되겠죠.

　이런 면에서 볼 때 한자를 만들어 내는 방식은 참으로 간단한 것 같습니다. 뜻이 바뀌면 원래 의미를 나타내는 형체소(形體素)였던 글자가 그냥 음소(音素)를 나타내는 글자로 바뀌게 되니 말입니다. 이곳에서는 100% 그렇다고는 할 수 없겠지만 주(州)자는 이미 음소로 바뀌었고, 앞의 수(氵, 水)자가 형체소가 되었습니다.

불

火, 炎, 主(炷), 盡, 灾(災)

물에 관련된 한자를 다루어 보았으니 이번에는 불과 관련된 글자들을 한번 살펴보도록 하겠습니다.

불꽃입니다. 한자로는 화(火) 또는 염(炎)이라고 하지요. 두 글자를 합치면 화염이 됩니다. 불은 인간에게 없어서는 안 되는 것입니다. 동양에서는 만물을 구성하는 가장 중요한 다섯 요소인 오행(五行)에 들어 있고, 서양의 신화를 보면 인간에게 불을 가져다 준 대가로 프로메테우스는 아직까지도 독수리에게 간을 쪼이는 벌을 받고 있지요. 이런 사실을 보면 동양이나 서양이나 모두 불이 얼마나 중요한 것인가를 알게 됩니다.

요즘은 옛날보다는 불을 관리하기가 많이 쉬워졌습니다. 요즘 가정 어디서나 볼 수 있는 저 파란 불꽃은 색깔만 붉은색으로 바뀌고 불꽃의 수만 적당히(세 개 정도로) 줄여서 표현할 수만 있다면 옛날의 '불 화(火)' 자랑 정말 닮게 됩니다.

위에서 말한 불꽃 모양을 일러스트레이션으로 표현하면 아마 이런 그림이 될 테지요. 맞습니다. '불 화(火)'자는 바로 이런 모습을 형상화한 것입니다.

불 화(火)

첫 번째 그림, 아니 갑골문의 자형은 정말 일러스트레이션의 그림과 똑같죠? 이런 불꽃이 더욱 격렬하게 타오르는 모양이 있는데 바로 '불꽃 염(炎)'자입니다. 이미 위에 화염이라는 말이 나왔었죠? 보통 두 글자로 쓸 때는 화염(火焰)이라고 하지만 한 글자로만 표현할 때는 염(炎)이라고 합니다.

불꽃 염(炎)

모양 그대로 격렬한 불꽃이 높은 곳까지 치솟는 듯한 모습을 보이고 있습니다.

위의 사진은 요즘은 잘 볼 수가 없지만 옛날 전쟁을 할 때나 밤에 행사를 할 때 불을 밝히는 횃불입니다. 우리나라에서도 절찬리에 방송된 적이 있는 〈용의 눈물〉이나 〈태조 왕건〉 등의 드라마를 보면 밤 풍경에 많이 등장하였습니다. 그런데 이를 형상화한 글자는 원래 '주인 주(主)'자의 본래 글자였습니다.

주인 주(主)

금문대전   소전   해서

불은 옛날에 아주 소중하게 다루어야 했습니다. 한번 꺼뜨리면 불을 새로 피우거나 불씨를 얻어 오거나 해야 했기 때문입니다. 그래서 옛날에는 인간에게 가장 소중한 이 불의 최종 관리자를 '주(主)'라고 하였습니다. 집안에서는 주인, 나라에서는 임금. 마치 지금 가장 중요한 통신시설이나 전기의 최종 통제권이 대통령에게 있는 것이나 마찬가지로 말이죠. 그래서 불을 관리하는 주인이라는 뜻에서 주(主)자는 주인, 임금이라는 뜻으로 쓰이게 되었습니다. 원래 불의 한복판에 있는 불을 나타내는 심지라는 뜻은 간단하게 앞쪽에다 '불 화' 자를 붙인 형태의 '심지 주(炷)'자로 만들어서 뜻을 보존하게 되었습니다.

참고로 한 가지만 말씀드리자면 옛날에는 불이 뜨겁다고 해서 늘 그 기운이 왕성하게 살아 있다고 생각지 않았습니다. 그래서 (뜨겁기는 하지만) 그 쇠락해진 기운을 없애고 새로운 기운을 살리기 위해 일제히 불을 한번 껐다가 켜는 날을 정하게 되었습니다. 그것이 바로 유명한 개

자추(介子推)의 고사와 혼합된 한식날입니다. 한식 때가 되면 겨울 기운은 완전히 사라져 하루쯤은 불의 기운을 빌리지 않아도 충분히 살 수가 있겠죠.

위의 사진은 화로(火爐)입니다. 화로는 우리에게는 잊을 수 없는 추억이 많은 물건입니다. 추운 겨울이면 집안의 필수품이었죠. 거의 유일하다시피 한 실내 난방 기구였으니까요. 옛날에는 거의 구들을 깐 온돌방에서 생활을 하였습니다. 보통은 밥을 짓거나 쇠죽을 끓이거나 할 때 난방을 같이 하게 됩니다. 그 불이 꺼지면 위와 같이 뜨거운 재를 화로에 담아 방으로 들여오면 난로가 되는 것입니다. 여기에 감자나 고구마, 밤을 구워 먹기도 하고 설 무렵에는 가래떡을 구워 먹기도 하였습니다. 노릇노릇 겉이 부풀어 터지기도 하는 가래떡은 정말 먹음직스러웠습니다. 그런데 화로의 윗부분의 벌건 재가 식으면 그때는 부젓가락을 가지고 속의 불이 다 꺼졌는지 아직도 살아 있는지를 확인해야 했습니다. 그것을 나타낸 글자가 바로 '다될 진(盡)'자입니다.

다될 진(盡)

| 금문 | 금문대전 | 소전 | 해서 |

위의 글자에서 아래쪽의 '그릇 명(皿)'자가 화로입니다. 그리고 위의 포크 같이 생긴 것이 손이고, 손으로 들고 있는 것이 부젓가락입니다. 손과 화로 사이의 글자는 바로 '불 화(火)'자입니다. 불이 '다' 꺼졌는지 확인해보는 것이죠.

예나 지금이나 불을 다룰 때 가장 조심해야 할 것은 뭐니뭐니 해도 화재(火災)입니다.

불이 얼마나 크게 났는지 옆의 집까지 옮겨 붙어서 격렬하게 타고 있네요. 생각만 해도 정말 끔찍한 광경입니다. 옛날에도 지금과 마찬가지

로 수재와 화재가 가장 무서웠습니다. 수재를 나타내는 글자는 '옛 석
(昔)'자인데요. 밑의 일(日)자는 시간을 나타내는 장치이고, 위의 부분
은 물결 모양으로 수재를 나타냅니다. 옛날, 하면 온 동네를 쓸어가다시
피 한 쓰라렸던 수재를 떠올리게 되는 것이지요. 반면에 화재는 거의 집
안에서 일어납니다. 그것을 나타낸 글자가 바로 '재앙 재(災)'자입니다.
'재앙 재'자는 옛날에는 지금과는 달리 '灾'라고 썼습니다. 그야말로 집
에서 불이 난 것을 나타내는 것이죠. 그러니까 재(災)자는 바로 화재를
나타내는 말이었습니다.

재앙 재(災,灾)

| 금문대전 | 소전 | 해서 | 해서 |

어느 것이나 마찬가지겠지만 불(火)은 그야말로 선악의 양면성을 극
단적으로 지니고 있습니다. 화로(盧)나 조명(主)같이 좋은 면을 지니는
가 하면, 조금만 방심하거나 소홀히 다루면 큰 재앙(災,灾)이 되기도 하
니까요.

나무

木, 竹, 本, 朱(株), 末, 華, 果, 采, 林, 森

나무 역시 인간에게 무척이나 소중한 자연입니다. 인간이 숨을 쉴 수 있는 공기를 만들어 주고, 더울 때는 그늘을, 추울 때는 땔감을 제공하기도 합니다. 그래도 인간은 나무에게 그다지 고마움을 느끼지 못하는 것 같습니다. 공기 같은 존재라서 그럴까요? 이 나무는 크게 세 부분으로 이루어져 있습니다.

바로 가지와 줄기, 그리고 뿌리입니다. 정상적인 나무라면 뿌리는 바깥으로 노출되어 있지 않습니다. 이 나무는 일러스트로 표현하면 다음과 같은 모습을 띨 것입니다.

잎이 없으면 바로 위의 일러스트레이션과 같습니다. 줄기의 아래 위로 뿌리와 가지가 뻗어 있습니다. 그런데 이런 모습을 아주 옛날부터 일러스트로 표현하여 문자로 사용한 예가 중국에 보입니다. 바로 다음과 같은 모습이지요.

나무 목(木)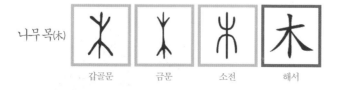
갑골문 　　 금문 　　 소전 　　 해서

어때요? 정말 놀랍지 않습니까? 나무의 전체적인 특징만 딱 살려서 간략하지만 있어야 할 요소들을 정확하게 표현하였습니다. 나무에는 위쪽으로 줄기가 있고 아래쪽으로는 뿌리가 있다고 하였지요? 이런 모습은 벌써 문자에 다 표현이 되어 있기 때문에 달리 더 그려서 나타낼 방법은 없었습니다. 이에 나무에다가 표시를 하게 됩니다. "이 부분은 줄기다", "이 부분은 뿌리다"라고 말입니다.

위의 사진은 줄기가 있는 윗부분입니다. 줄기는 나무의 끝부분에 있기 때문에 훈을 '끝'이라고 하였습니다. 다음은 '끝 말(末)'자의 자형입니다.

끝 말(末)

금문　　　금문　　　소전　　　해서

다음 쪽의 사진은 나무의 생존 본능을 유감없이 보여 주고 있는 모습입니다. 아랫부분이 암반 같은 뿌리가 뻗어나가기에는 부적합한 곳인 모양입니다. 정말 경이함을 느낄 정도입니다. 이런 뿌리 부분은 나무로 봐서는 '근본(根本)'이기 때문에 당연히 훈을 '근본(根本)'이라 합니다.

근본 본(本)　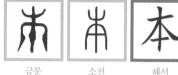

금문　소전　해서

　앞에서도 이미 언급했듯이 위와 같이 특정 부위를 가리켜 말하는 부분을 '지사부호'라고 합니다. 그리고 지사부호가 들어가는 문자는 모두 지사자로 분류됩니다. 예를 들자면 보이지 않는 태아를 가리키는 '신(身)'자라든가 칼날 부분을 가리키는 '인(刃)'자 같은 경우가 이에 속합니다.

그리고 또 한 가지 짚고 넘어가야 할 부분이 있습니다. 나무의 중간에서 가지가 뻗어나가는 부분을 가리키는 글자입니다. 앞의 사진은 봄이 되면 과수원에서 많이 볼 수 있는 광경입니다. 이렇게 나무 중간 부분에 난 가지는 태풍 등 자연적 요소로 부러지기도 하고, 혹은 나무의 열매인 과일을 실하게 하기 위해서 인공적으로 전지(剪枝)를 하기도 합니다. 그러면 사람들이 자연스레 그 부분을 관찰할 수 있게 되겠죠. 아마 대부분은 과수의 가지를 전지하는 경우였을 것이므로 위의 모습과 같은 경우를 보는 일은 비교적 많았을 것입니다. 그런데 실제로는 잘려나가 주황색으로 드러난 속살이 옛날 사람들에겐 붉은색으로 보였던 모양입니다. 약간 그렇게 보이죠? 그래서 나무의 가지 부분을 나타낸 글자는 그만 나무의 잘려 나가고 남은 가지라는 뜻의 그루터기라는 뜻보다는 붉다는 뜻으로 많이 쓰이게 되었습니다. 본래의 뜻을 잃은 글자는 그루터기가 나무 등걸이므로 '나무 목(木)'자를 덧붙여 주(株)로 쓰게 되었지요.

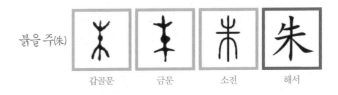

붉을 주(朱)

갑골문　　　금문　　　소전　　　해서

한편 나무가 다 이렇게 뿌리와 줄기, 가지로 이루어진 것은 아니죠. 대나무의 경우가 바로 이런 경우에 속한다고 할 수 있는데, 하늘을 향해 곧게 뻗은 대나무의 가장 특징적인 부분은 잎입니다. 이런 경우에는 잎을 가지고 나무를 대표하는 글자를 만들어 내기도 합니다.

　사군자 중의 하나인 대나무는 사철 푸른빛을 띠며 속은 비었고 마디
[節]가 있습니다. 그래서 사군자 가운데 절개를 나타내기에 합당한 나무
입니다. '절(節)'자에도 대나무를 나타내는 한자인 '죽(竹)'자가 들어가
있습니다.

　대나무는 눈을 맞으면 더욱 볼 만합니다. 온 몸으로 눈의 무게를 다 받
아들여 유연하게 아래쪽으로 몸을 휘며 시련을 이겨냅니다. 그러다가
눈이 조금씩 녹거나 하여 부하가 줄어들면 그때는 다시 몸을 곧게 펴는
데 이때 눈을 털어내는 모습이 정말 볼 만합니다. 눈이 왔을 때 대나무의
잎은 그 모양을 더 잘 드러냅니다. '대 죽(竹)'자는 잎이라는 일부를 가지

고 전체를 표현한 글자입니다. '대 죽(竹)'자는 생겨난 이래 대나무와 관련된 글자의 부수자로 쓰이게 됩니다.

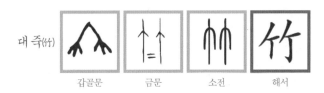

대 죽(竹)

갑골문   금문   소전   해서

식물은 어느 것 하나 없이 봄이면 싹을 틔우고 여름이면 꽃을 피우고 가을이면 열매를 맺습니다. 초본식물이나 목본식물이나 마찬가지입니다.

꽃이 참 예쁘죠? 이 꽃은 하늘말나리라는 꽃인데 나리꽃의 일종입니다. 꽃잎이 바깥쪽으로 말리고 꽃술을 드러낸 모습이 정말 예쁩니다. 이런 꽃 모양을 표현한 글자가 바로 '빛날 화(華)'자입니다.

빛날 화(華)

금문   소전   해서

꽃잎은 물론이고 밑에 있는 가지의 잎까지 표현한 것을 보면 '빛날 화(華)'자는 과연 꽃을 그대로 그려낸 것 같습니다. 그런데 이 글자는 후세로 오면서 꽃이라는 뜻보다는 화하(華夏), 곧 중화민족을 대표하는 글자가 되었습니다. 그때부터 이 아름다운 글자는 더이상 꽃이라는 뜻이 주된 뜻으로 쓰이지 않게 되었습니다. 이를 대체한 글자가 바로 '꽃 화(花)'자인데, 이 글자를 금문의 예에서 보면 함께 쓰이고 있다는 것을 알 수 있습니다. 상형문자인 화(華)가 형성문자인 화(花)로 대체된 것이지요.

꽃을 피운 초목은 열매를 맺게 됩니다. 열매는 못 먹는 것도 있지만 대부분은 인간의 생활에 도움을 줍니다. 식량으로 쓰이지 않는 것들은 약용이나 기호식품으로 쓰이기도 하죠. 나무가 사람들에게 이렇게 순순히 열매를 제공하는 이유는 다 나름대로 이유가 있습니다. 식물의 생존 본능으로 종족을 퍼뜨리기 위한 것이지요.

열매 과(果)

갑골문	금문	금문대전	소전	해서

위의 사진은 우리 현대의 인간들에게 없어서는 안 될 기호식품인 커피 열매입니다. 열매 하면 사과나 배 같은 큼직한 과일이 먼저 생각납니다만 '열매 과(果)'자처럼 나뭇가지 끝에 조밀하게 달린 열매를 생각하면 피라칸타나 커피 열매가 가장 먼저 연상됩니다.

이 열매가 우리의 입을 즐겁게 하는 기호식품이 되려면 무엇보다도 먼저 '채취(採取)'가 되어야겠지요. 사진을 보니 손으로 커피 열매를 열심히 채취하고 있습니다. 이렇게 나무에서 열매를 따는 것을 표현한 글자가 다음의 '캘 채(采)'자입니다.

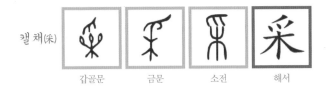

캘 채(采)   갑골문   금문   소전   해서

갑골문의 자형을 보면 아래쪽의 글자는 확연히 '열매 과(果)'자와 같음을 알 수 있습니다. 뒤쪽으로 오면서 열매를 다 땄는지 열매는 더이상 보이지 않고 다만 '나무 목(木)'자만 보입니다. 다만 요즘은 이 글자의 앞에 손이라는 뜻의 '재방 변(扌)'을 붙여서 쓰는 것(採)이 더 일반적입니다.

정말 멋진 삼(杉)나무 숲입니다. 요즘은 우리나라도 인공적인 조림을 통하여 어디서나 6·25 이후 헐벗었던 모습은 찾아볼 수 없고 오히려 조림 기술을 해외에 전수하는 수준까지 올라왔다고 합니다. 숲을 나타내는 글자는 '나무 목(木)'자 두 자를 쓴 회의자입니다.

수풀 림(林)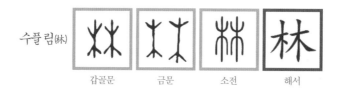

갑골문   금문   소전   해서

위의 숲보다 더 우거진 숲입니다. 마치 어디선가 "아아아~" 하며 타잔이 나타나기도 할 것 같고, 〈반지의 제왕〉처럼 요정인 레골라스가 난쟁

이 김리를 한 말에 태우고 나타날 듯도 합니다. 이렇게 숲이 우거진 것을 삼림(森林)이라고 합니다.

수풀 삼(森)

갑골문   소전   해서

    사실 저는 '수풀 삼(森)'자를 볼 때마다 '수풀 림(林)'자와 무슨 차이가 있을까 하고 많은 생각을 했었습니다. 그러다가 어느 순간부터 '수풀 림 (林)'자는 비교적 같은 수종의 나무가 아주 우거지지는 않은 숲으로 이해를 했고, '수풀 삼(森)'자는 여러 수종의 나무가 끝도 없이 우거진 것이라고 이해를 하기 시작하였습니다. 영어 단어로는 나무[木]는 tree, 숲[林]은 forest, 또 다른 숲[森]은 jungle로 이해를 했습니다. 그렇다면 유명한 왕쟈웨이 감독의 영화 〈중경삼림(重慶森林)〉처럼 삼림(森林)이라는 말을 함께 쓰면 또 어떤 뜻일지도 궁금해집니다.

벼와 쌀

禾, 年(秊), 米, 秉, 兼

가을은 온 들판이 황금들녘으로 바뀌는 풍요로운 계절입니다. 이번에는 이런 계절에 잘 어울리는 한자인 벼 내지는 쌀과 관련된 한자들을 한번 살펴보도록 하겠습니다.

요즘 아이들이 쌀나무라고 하는 벼입니다. 줄기가 있지만 알곡이 꽉 찬 이삭 때문에 제 무게를 이기지 못하고 고개를 숙인 모습입니다.

이것은 조입니다. 밥을 지을 때 놓아서 섞어 먹으면 꽤나 맛있죠. '벼 화(禾)'자는 위 사진처럼 벼의 모습이 아니면 이 사진과 같은 조 따위를 본떠서 만든 글자라고 합니다.

많이 닮았죠? 벼는 일단 수확을 하면 한 묶음씩 묶어서 논둑에다 서로 기대어 세워 놓았습니다.

벼를 묶은 것을 볏단이라고 합니다.

　이런 볏단은 일단 탈곡을 하기 전에 한곳으로 모읍니다. 옛날 의좋은 형제가 밤에 서로 형과 아우를 위해 볏단을 몰래 나르다 중간에서 만나게 된다는 동화가 있습니다. 어릴 때 교과서에 그림으로 나왔던 것을 지금도 기억하고 있는데 지금은 라면의 봉지에 그린 그림밖에 찾을 수가 없습니다. 그나마도 흑백으로……

　생각만 해도 정겹고 흐뭇한 광경입니다. 저렇게 볏단을 나르려면 일단 풍년이 들어야겠죠? 그래서 볏단을 이고 이동하는 모습을 표현한 한자가 나오게 되었는데 바로 '해 년(年, 秊)'자입니다.

해 년(年)

| 갑골문 | 금문 | 금문대전 | 소전 | 해서 |

'해 년(年)'자는 달리 '秊'이라고도 썼는데 등에 벼를 지어나르는 모양이 더 잘 표현되어 있습니다. 위에서 말했듯이 '해 년(年)'자의 첫 번째 뜻은 풍년입니다. 생산성이 떨어지는 고대사회에서 수확은 일모작, 즉 1년에 한 번밖에 못했으므로 1년이란 뜻이 생겨났습니다. 그리고 사람은 누구나 1년에 한 살씩 나이를 먹기 때문에 나이라는 뜻이 또 추가로 생겨나게 되었습니다.

이렇게 이삭이 그대로 붙어 있는 곡식단을 낟가리라고 합니다. 낟가리는 일단 탈곡을 할 때까지는 노천(露天)에 야적(野積)을 해두게 됩니다. 이것을 한자로 노적(露積)이라고 하는데 우리말로는 노적가리라고 합니다. 우리말이라고 알고 있던 것이 사실은 한자에서 나왔음을 알 수가 있습니다.

이 노적은 위와 같이 안쪽에다 낟가리를 쌓아서 겉을 짚으로 싸서 대충 묶어 놓았습니다. 도둑을 맞으면 안 되었기 때문이죠. 저렇게 쌓아 놓은 노적가리를 한 자로 표현하면 '곳집 유(庾)'라고 합니다. 요즘은 추수를 하는 풍경이 많이 바뀌어 저런 모습을 찾아보기가 힘듭니다. 한편 이런 모습은 서양에서도 마찬가지였습니다.

수련뿐만 아니라 루앙 성당 등의 연작으로 유명한 인상파 화가 모네의 그림에서 이를 확인할 수 있습니다. 나중에는 그냥 탈곡을 끝낸 볏짚단을 야적해 놓은 것도 노적가리라 하였습니다.

옛날은 지금에 비하면 생산성이 퍽 떨어진 사회였기 때문에 사람들이 먹고살기가 참 힘들었습니다. 그래서 사람들은 노적가리처럼 생긴 산봉우리에 노적봉이라는 이름을 많이 붙였습니다. 위의 사진은 울산 동구에 있는 노적봉이라는 봉우리입니다. 아마 전국에 있는 노적봉이라는 이름을 찾으면 수십 개는 되지 않을까 합니다.

이런 사정은 일본도 우리보다 더 했으면 더 했지 덜하지는 않았을 것입니다. 오래도록 지속된 전국시대 때문에 서민들의 생활은 더 팍팍했을 것입니다. 위의 사진은 일본 아소산 기슭에 있는 코미츠카(米塚)라고 하는 화산으로 생성된 산입니다. 쌀무덤이라는 표현이 우리네 노적봉보다 더 절실하게 느껴집니다.

일단 추수를 하면 가장 먼저 하는 일은 탈곡기로 볏단에서 낟알을 떼어내는 일입니다. 그렇게 해서 떼어낸 낟알을 나락(稻)이라고 합니다. 이 나락을 보관하는 창고는 한자로 창(倉)이라고 합니다.

요새는 농촌에 가면 웬만한 집에는 저렇게 탈피기가 있는 것 같더군요. 위의 것은 나락이고 왕겨라고 하는 껍질이 벗겨진 상태를 우리는 쌀이라고 하는데 한자로는 미(米)라고 합니다. 이 쌀[米]을 보관하는 창고를 한자로 름(廩)이라고 합니다. 『관자(管子)』에 보면 '창름실이지예절(倉廩實而知禮節)'이라는 말이 나옵니다. 이 말은 "나락 창고와 미곡 창고가 꽉 차야 예절을 안다"는 뜻입니다. 즉 경제적으로 굶주리지 않을 정도의 경제적 여유가 있어야 비로소 예절을 차리게 된다는 말이지요.

되에 담긴 쌀이 정말 먹음직스럽습니다. 쌀이 종류가 하나라면 보관하는 데 아무런 문제가 없겠죠? 그냥 한데 모두 넣어서 보관을 하면 될 테니까요. 그러나 쌀만 해도 멥쌀과 찹쌀, 햅쌀과 묵은 쌀 등 품종별 수확 연도별로 구분을 하는데 이런 경우는 으레 따로 보관을 하게 되지요.

　도시농업박람회에서 쌀을 구분해 놓은 것입니다. 왼쪽이 국산 오른쪽은 중국산이라네요. 어쨌거나 '쌀 미(米)'자는 이렇게 벼를 구획하여 보관하는 모습을 본뜬 글자라고 합니다.

쌀미(米)

갑골문　　　금문대전　　　소전　　　해서

　잘 익은 벼 한 포기를 한 손으로 잡고 있는 모양이네요. 이렇게 한 포기의 벼를 잡고 있는 모양의 한자가 바로 '잡을 병(秉)'자입니다.

잡을 병(秉)

갑골문　　　금문　　　소전　　　해서

　한 손으로 벼를 움켜잡고 있는 모습이 완연하게 표현되어 있습니다.
그러면 한 손으로 여러 포기의 벼를 한꺼번에 쥐고 있는 모습은 한자로
어떻게 표현하였을까요?

　　　　　　　　　농부가 일년 내내 정성들여 지은 벼
　　　　　　　　를 한 움큼 잡고 기뻐하고 있는 모습
　　　　　　　　입니다. 보기만 해도 흐뭇한 모습입
　　　　　　　　니다. 이렇게 한 손으로 여러 포기의
　　　　　　　　벼를 쥐고 있는 한자가 바로 '겸할 겸
　　　　　　　　(兼)'자입니다.

겸할겸(兼)

금문　　　금문대전　　　소전　　　해서

178

그런데 다 같이 벼에서 파생된 글자인데도 한자자전[옥편]에서 찾으려면 헷갈립니다. '잡을 병(秉)'자는 '벼 화(禾)'부에서 찾으면 나오는데 '겸할 겸(兼)'자는 분명 '벼 화(禾)'부에서 찾아야 할 것 같은데도 보이지가 않습니다. '겸할 겸(兼)'자는 엉뚱하게도 '여덟 팔(八)'자 부에서 찾아야 합니다. 이는 한자가 세월을 거치는 동안 형체소가 되어야 할 부수가 점차 검색 기능을 강화하기 위하여 줄어드는 현상을 나타내는 것입니다. 이를테면 한나라 때 허신이 최초로 부수 배열법을 적용한 자전인『설문해자』에는 540부수자가 있습니다. 그러다가『강희자전』의 모태가 되는『자휘』에서는 214부로 줄었습니다. 지금 가장 많이 보는『한어대자전』과『한어대사전』에는 급기야 200부수로까지 줄었습니다. 앞으로도 더 줄 가능성은 있어도 늘어날 가능성은 없겠지요.

기상 현상

申(神,伸), 電, 雷. 雨, 小, 云(雲)

여름이면 한번씩 이 세상을 끝장이라도 내려는 듯이 번개가 무섭게 칠 때가 있습니다. 어디서 시작되었는지는 모르지만 하늘에서 땅 가까운 곳까지 날카로운 선을 그리며 빛을 뻗고 있습니다. 원래 번개를 나타내는 전(電)자의 본자는 신(申)이었습니다. 옛날 사람들은 신(神)은 좀처럼 그 모습을 드러내지 않는다고 믿었습니다. 그러다가 노하면 어느 순간 일시적으로 모습을 드러내는데 그게 바로 번개라고 생각하였던 거죠. 그러니까 옛날 사람들에게 번개는 노한 신이 인간에게 경종을 울리기 위하여 순간적으로 모습을 드러낸 것입니다. 이러한 번개의 모습을 형상화한 글자가 바로 '납 신(申)'자입니다. 번개가 하늘에서 땅까지 길게 뻗쳐져 몸을 폈기 때문에 이 글자는 '펴다(伸)'는 뜻으로 쓰이게 되었습니다. 뜻이 변하면 언제나 그렇듯이 새로운 글자를 만들어 내어 원래의 글자 뜻을 보존하게 됩니다. 신(申)자는 번개라는 뜻도 있고, 또 순간적으로 모습을 드러낸 신(神)이라는 뜻도 있다고 그랬죠? 그래서 이 글자는 각자의 뜻을 나타내기 위하여 자형이 분화되었습니다. 번개는 기

상 현상이니 우(雨)를 부수로 취하고 신(申)자가 간략화, 변화하여 전(電)자로 바뀌었습니다. 반면에 신(神)은 숭배의 대상이니 제사를 받는 제단인 시(示)자를 부수로 취하여 神자가 된 것입니다.

'번개 전(電)'자를 보면 위쪽의 기상 현상임을 나타내는 첨가자 '비 우(雨)'자를 빼면 원래 번개를 나타내던 신(申)자와 똑같이 생겼음을 알 수

있습니다. '납 신(申)'자의 모습에서 굵은 번개와 거기서 갈래져 나가는 작은 번개가 겹쳐지지 않나요? 반면에 '우레 뢰(雷)'자는 '번개 전(電)'자와는 조금 다른 모양을 보이고 있습니다.

우레 뢰(雷)

갑골문   금문   금문대전   소전   해서

'우레 뢰(雷)'자도 '번개 전(電)'자와 같은 모습에서 분화 발전한 글자입니다. '번개 전(電)'자에서는 보이지 않던 '밭 전(田)'자나 수레바퀴 같은 모양의 형태가 갑골문부터 2~4개씩 보입니다. 그 부분을 제외하면 역시 신(申)자의 갑골문과 같은 형태가 보입니다. '밭 전(田)'자 내지 수레바퀴 같은 모양의 형체는 소리를 강조하는 모양이라고 합니다. 수레바퀴를 세 개 그려서 나타낸 글자가 굉(轟)자입니다. 그야말로 굉음(轟音)을 눈에 보이는 형체로 표현한 것입니다. 시각적으로 하늘에서 땅까지 일시에 쫙 펴지며 내리꽂히는 번개에, 청각적으로 굉음을 내는 것이 바로 '우레 뢰(雷)'자인 것이죠.

우리 상식으로는 글자의 원래 뜻을 원글자에 보존할 것 같은데 한자는 기꺼이 다른 뜻으로 쓰이는 글자에게 본모습을 양보합니다. 주객이 전도되어도 아무런 문제를 삼지 않는 거죠. 굴러온 돌이 박힌 돌을 밀어내는 현상이 허용되는 것이 바로 한자의 세계입니다.

번개가 번쩍이고 우레가 치는 상황은 모두 구름이 있을 때만 가능한 현상입니다. 다시 말하면 마른 하늘에서 날벼락 치는 일은 절대 상식적으로 일어날 수가 없는 현상입니다.

뭉게뭉게 피어나는 구름이 무척 예쁘게 보입니다. 조니 미첼이 부른 노래 〈Both sides now〉라는 노래의 가사에 보면 구름을 "Ice cream castles in the air"라고 묘사하는 말이 나옵니다. 어떻습니까? 정말 아이스크림 성 같지 않나요. 이렇게 하늘에서 하나의 기운이 형성 되는 글자가 바로 '이를 운(云)'자였습니다.

이를 운(云)   갑골문   금문대   소전   해서

그러나 원래 구름을 나타내던 '이를 운(云)'자는 발음만 따온 '이를 운(云)'자로 쓰이게 되면서 더 이상 구름이라는 뜻으로는 쓰이지 못하였습니다. 결국 기상 현상을 나타내는 글자의 형체소가 되는 '비 우(雨)'자를 덧붙이게 되었습니다.

구름 운(雲)

소전

그러나 어떻게 보면 다행스럽게 중화인민공화국에서 '간화자방안', 곧 간체자를 만들면서 운(云)자는 구름이라는 뜻을 회복하였습니다. 불행이라면 두 글자의 뜻이 혼용되어서 헷갈릴 수도 있다는 점입니다. 간체자가 확장되면서 옛날 모습을 되찾는 글자, 즉 옛날에 원래 이런 뜻으로 쓰이던 글자 중 획수가 간단한 글자를 다시 쓴다는 간화자 방안으로 인하여 채택된 것입니다. 이런 경우는 운(雲)자 외에 '좇을 종(从, 從)'자가 있습니다.

구름이 뭉게뭉게 모여들면 여름에는 갑작스레 하늘이 컴컴해지면서 소낙비가 내리는 경우가 있습니다.

컴컴한 하늘에서 마치 하늘이 뚫린 듯 무섭게 비가 몰아치고 있습니다. 이런 모습을 나타낸 글자가 바로 '비 우(雨)'자입니다.

비 우(雨)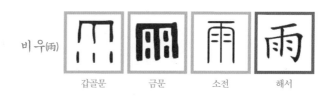

'비 우(雨)'자는 그냥 하늘에서 떨어지는 빗방울을 묘사한 것입니다. 그러나 이 글자는 하늘을 배경으로 일어나는 모든 기상 현상의 형체소로 쓰이게 됩니다. 하늘에서 일어나는 가장 신기한 현상이 바로 갑작스레 하늘에서 내리는 비여서 그랬을까요? 한편 비는 작은 물방울들이 모인 것입니다. 아래 사진처럼 말입니다.

작은 물방울들이 땅으로 떨어져 대지를 촉촉이 적셔 주고 있습니다. 그 위로 수없이 많은 '작은' 물방울들이 떨어지고 있습니다. 하늘에서 떨어지는 작은 물방울을 표현한 글자가 바로 '작을 소(小)'자입니다.

작을 소(小)

작은 빗방울 세 개가 하늘에서 떨어지는 모양의 한자가 바로 '작을 소(小)'자입니다. 그러나 작다고 무시하면 안 되겠죠? 이런 빗방울들이 모여 큰 물을 이루기도 하니까요. 곧 '홍수(洪水)'가 지게 된다는 것입니다. "티끌 모아 태산"이라는 말은 물에서도 똑같이 적용됨을 알 수 있습니다.

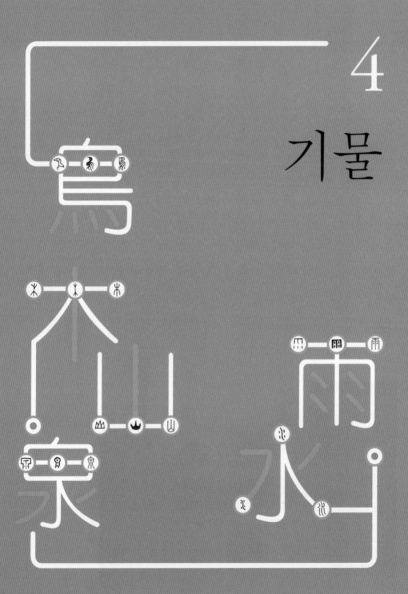

4

기물

관문과 정자

高, 喬, 京, 亭

문경새재의 두 번째 관문인 조곡관(鳥谷關)입니다. 우리나라의 사극을 찍을 때면 거의 빠짐없이 등장하는 장소 중의 하나입니다. 사실 이런 성문은 내성인 성(城)보다는 외성인 곽(郭)에 붙어 있는 문이지요. 이런 문은 중국과 우리나라는 물론이고 서양도 거의 예외가 없는 형식입니다.

　이곳은 삼국지 투어를 가면 들르게 되는 가맹관(葭萌關)의 성문입니다. 이곳에서 장비와 마초가 횃불을 켜놓고 밤새워 싸웠다고 하죠. 조령(鳥嶺)의 성문과 다른 점이 있다면 관문 위에 있는 누대의 층 정도의 차이겠지요. 위의 것은 단층, 가맹관의 것은 2층입니다.

　이곳은 더 웅장하고 복원한 것도 아닌 명나라 때 축조한 산해관(山海關)입니다. 명맥만 유지하던 명나라의 마지막 명줄을 끊어 놓은 비극의 현장이지요. 또한 연중 끊이지 않고 중국을 왕래했던 우리나라 연행사(燕行

使)들의 애환이 서린 곳이기도 합니다. 산해관은 만리장성의 동쪽 끝입니다. 조곡관(關), 가맹관(關), 그리고 천하제일관(關)이라는 현판을 단 만리장성의 한쪽 끝인 산해관(關). 공통점은 무엇일까요? 한자로 다 표기를 해 높은 것처럼 關자겠지요.(關자는 뒤의 門에서 다시 배우게 됩니다.) 양쪽에 성벽이 있고 이 성문을 통과하려면 관문이 있어야 하는데 그 관문이 바로 關입니다. 이 관문 위에는 출입자를 감시하기 위하여 높은 다락집을 짓는데 바로 앞의 사진들과 같은 모양입니다. 이 관문에는 포고문을 걸어 놓고 공지사항을 알리기도 하였습니다. 거의 유일한 출입구이기 때문에 이곳에만 공지하면 다른 데는 거의 공지를 할 필요가 없었기 때문입니다.

그럼 양쪽 옆의 성벽을 없애면? 아마 위 사진 같은 모양이 되겠죠. 종회가 몇 차례나 촉나라를 공격하였지만 실패했던 천혜의 요새 검문관(劍門關, 또는 검각)입니다. 높은 다락집 밑으로 통로가 뻥 뚫려 있는 이 사진을 보면 생각나는 글자가 있습니다. 바로 '높을 고(高)'자입니다.

높을 고(高)

| 갑골문 | 금문 | 금문대전 | 소전 | 해서 |

'높을 고(高)'자를 보노라면 저 검각의 관문을 그대로 선묘 스케치한 것이 아닌가, 하는 생각이 들 정도입니다. 글자의 모양은 조금씩 변화가 있어도 기본적인 모양은 같습니다. 다락집과 관, 그리고 문. '높을 고(高)'자는 바로 성의 관문에서 따온 글자입니다.

높을 교(喬)

| 금문 | 금문대전 | 소전 | 해서 |

한편 위의 글자는 '높을 교(喬)'자입니다. 고(高)자와 모양이 흡사한데 윗부분 돼지해밑 두(亠)자가 요(夭)자로 바뀐 차이가 있습니다. 여기서 요(夭)자는 글자의 음과 상관이 있습니다. 옛날에 요자와 교자는 음이 상당히 가까웠죠. 한편 문자학자들에 따라 이 교(喬)자는 고(高)자 위에 깃발을 꽂아 놓은 것이라고 설명을 하기도 합니다. 정말 그럴 듯하죠? 이 교자는 교목(喬木), 교남(喬南) 등에 쓰이는 글자인데, 키 큰 나무와 영남지방을 달리 부르는 말로 쓰입니다. 영남을 교남이라고도 하는데 그것은 큰 인물이 많이 나왔다고 해서 그렇게 부릅니다.

서울경(京)

갑골문　　　금문　　　금문대전　　　소전　　　해서

'서울 경(京)'자 역시 고(高)자와 상관이 있습니다. 모양은 아랫부분을 많이 돋우어 높이고 그 위에 건물을 지은 것입니다. 이 경자가 나온 이유는 보통 서울은 높은 곳에다 짓기 때문에 그렇게 씁니다. 그리스의 도시국가의 서울인 아크로폴리스도 다 높은 언덕에 지어졌죠. 중국이나 우리나라는 건축 재료가 서양처럼 양질의 대리석 같은 것이 잘 나지 않기 때문에 서울의 도성은 바닥을 많이 돋우어서 짓습니다. 특히 자금성 같은 경우는 약 20m나 될 정도로 아주 높이 지어 놓았죠. 그래서 경자는 높다는 뜻도 내포하고 있습니다. 도성 말고도 개인적인 공간을 높은 곳에 높이 짓는 경우도 있죠. 아래 사진처럼 말입니다.

지금의 사천성에 있는 옛 촉지방의 자운정(亭)입니다. 자운은 한나라

양웅의 자입니다. 당나라의 유명한 문인 유우석(劉禹錫)의 유명한 문장인 「누실명(陋室銘)」에 '서촉자운정(西蜀子雲亭)'이라는 말이 나옵니다. 이 정 (亭)자의 옛 자형은 다음과 같습니다.

정자 정(亭)

갑골문　　소전　　해서

윗부분은 같은데 아랫부분의 个자 같은 것이 다릅니다. 이 글자는 해 서에서는 정(丁)자로 씁니다. 이 글자의 성부(聲部)인 것이죠. 높다는 뜻 이고 음은 정이라는 말입니다.

윗부분이 같은 글자는 고(高), 경(京), 정(亭)자이고, 아랫부분이 같은 글 자는 고(高)와 교(喬)자입니다. 공통분모는 고(高)자입니다. 곧 위의 모든 글자들의 뜻은 고(高)자에서 파생되었다는 것입니다. 모양을 취한 상형 자로, 또는 음소(音素)를 첨가한 형성자 형태로 말이죠.

문

門, 戶, 關, 向, 窗(窓), 囱

경주 교동에 있는 최씨 고택의 대문입니다. 이렇게 양옆의 행랑보다 대문을 높여서 만든 것을 솟을대문이라 하지요. 옛날에는 양반 같은 특권계층들만이 누릴 수 있었던 일종의 특혜였습니다만 조선 말기로 넘어오면서 사회 질서가 붕괴되어 너도나도 솟을대문을 만들었습니다. 그러나 옛날에 이렇게 솟을대문을 만든 이유를 알아야겠죠.

양반들이 이렇게 솟을대문을 만든 것은 초헌 같은 높은 가마, 말이나 마차를 탄 채로 문을 통과하려면 보통의 문보다는 높아야 했기 때문입니다. 그러니 마차나 초헌도 없이 이렇게 솟을 대문을 만드는 것은 요즘으로 치면 큰 승용차도 없으면서 그만한 규모로 대문을 크게 다는 것과 마찬가지이겠지요. 이 문(門)은 원래 양쪽에 쌍으로 붙은 여닫이가 있는 문을 가리키는 말입니다. 아래의 옛날 서부극에 등장하는 술집의 문처럼 말입니다.

이런 문을 본뜬 글자가 있는데 바로 '문 문(門)'자입니다.

문 문(門)

| 갑골문 | 금문 | 금문대전 | 소전 | 해서 |

정말 모양이 똑같지 않습니까? 원래 문(門)이라는 것은 담에 달린, 그
러니까 어느 집의 영역으로 들어가는 출입구를 말하는 것이었습니다.
솟을대문 같은 '문'을 통과하면 집이 나옵니다. 집에는 사람들이 주거하
는 방이 있지요. 이 방으로 들어가려면 또 문을 통과해야 합니다. 아래의
사진처럼요.

사진을 보면 문이 외짝으로 된 것도 있고 쌍으로 된 것도 있습니다. 쌍
으로 달린 여닫이 문은 위에서 말한 '문 문(門)'자와 같은 형태입니다. 그
러나 엄격하게 문자적으로 따진다면 이렇게 방의 문으로 들어가는 문은
'호(戶)'라고 하였고, 훈은 '지게'라고 합니다. '지게'라는 말은 물건을
운반하는 지게와 표기가 같습니다만 뜻은 달라 외짝문을 나타냅니다.
가난한 사람의 집에는 문(門) 같은 쌍으로 된 대문이 없을 수도 있고, 방
으로 들어가는 문은 흔히 외짝문이 많았습니다. 나중에는 방으로 들어
가는 문을 '지게 호(戶)'라고 하였습니다.

지게 호(戶)

갑골문　　금문대전　　소전　　해서

옛날이나 지금이나 담장을 통하는 문이 없이 방으로 통하는 문만 가진 집이 있게 마련입니다. 즉 문(門)은 없고 호(戶)만 있는 집 말이지요.

위의 사진이 바로 문은 없고 호만 덩그러니 있는 집입니다. "초가삼간 집을 짓고~"라는 노래가 절로 생각나는 집입니다. 옛날에는 어지간한 집이 아니고서야 거의 저런 집밖에 없었지요. 영화 〈러브 스토리〉를 보면 문을 통과해서 집으로 가는데 차로 한참 들어갑니다. 아마 그런 집에는 문은 하나지만 호는 여럿이 있을 것입니다. 그래서 옛날 인구조사를 할 때 가구를 헤아리는 단위가 문이 아니라 '호(戶)'를 쓰게 된 것이지요. 좀 호화로운 집에서는 방으로 드는 문도 양쪽으로 된 것을 쓸 수도 있겠지요. 그렇긴 해도 그런 것도 원칙적으로는 어디까지나 모두 '호(戶)'인 것입니다. 현대인의 보편적인 주거 공간으로 자리잡은 아파트를 한번 살펴볼까요? 차가 드나드는 주출입구는 '門'에 해당하고 독립된 하나의 세대로 들어가는 도어는 '戸'가 되는 셈입니다. 큰 단지에는 문(門)도 여럿 있지만 수천 호(戸)가 있지요.

저런 방문은 보통 안에서 손쉽게 잠글 수가 있습니다. 우리 어릴 때는 문고리를 걸고 굵은 쇠막대를 구부려서 꽂거나, 아니면 잘 쓰지 않는 숫가락을 거꾸로 꽂아두기도 했습니다. 그만큼 간단하게 잠글 수가 있었던 것이지요. 그러나 가마나 마차가 드나드는 큰 대문의 경우에는 그렇게 간단하게 잠글 수가 없었고 비교적 거창한 장치를 설치해야 했습니다.

위의 사진처럼 말이죠. 저렇게 양쪽 문에다 나무를 가로로 질러 걸어 잠그는 것을 우리말로는 빗장이라고 합니다. 한자로는 훈을 '빗장'이라 하고 '關'이라고 씁니다. 전략적으로도 협곡 등과 같이 외길이 통하는 곳을 관(關)이라고 합니다. 한번 잠그면 열기가 그만큼 어렵다는 것이지요. 육국과 진(秦)나라의 통로를 함곡관, 삼국시대 위나라와 촉나라의 통로를 검문관, 당나라 때 호(胡)와 당나라의 통로를 동관(潼關)이라고 하는데는 다 그런 이유가 있습니다.

그러나 사실 정확하게 말한다면 빗장은 바로 위의 사진처럼 대문을 잠그는 장치를 말하고, 처음의 사진처럼 대문의 빗장을 걸어 잠근 뜻을 나타내는 한자는 따로 있습니다. 바로 '닫을 폐(閉)'자입니다.

지금은 문 안쪽 부분의 모양이 '재주 재(才)'자 모양으로 바뀌어서 뜻을 유추하기가 힘들어졌습니다만 원래는 十이나 ✦ 모양으로 문의 빗장을 굳게 걸어잠근 모양을 나타냈습니다.

반면 저렇게 굳게 닫힌 문을 열려면 두 손으로 빗장을 풀어야 했지요. 그렇게 나온 한자가 바로 '열 개(開)'자입니다.

열 개(開)

금문　　　금문대전　　　소전　　　해서

이런 빗장은 실용적인 면을 넘어서서 장식을 함으로써 예술적인 차원으로 발달하기도 하였습니다. 다음의 사진처럼 말입니다.

대구에 있는 남평문씨 세거지의 수봉정사(壽峰精舍)에 있는 빗장입니다. 장수를 상징하는 거북 모양으로 빗장을 만들어 한껏 멋을 내었습니다. 그렇게는 해도 지나치게 화려한 느낌보다는 오히려 소박한 멋을 풍깁니다. 참으로 멋을 아는 조상들인 것 같습니다.

우리나라나 중국에서는 모두 가장 기본적인 풍수 지식에 의하여 집을 지었습니다. 집의 정면은 볕을 향한 쪽으로 두어 출입구를 내었죠. 그리고 빛을 많이 받아들일 수 있는 큰 창문도 설치했습니다. 요즘 아파트 구조를 생각해 보면 이해하기가 쉽습니다. 앞쪽의 큰 베란다에는 아주 넓은 통유리 창이 있는데 비하여 뒤쪽에는 작은 창문을 달아 통풍이나 시키는 정도로 말이지요.

해를 향한 쪽으로 난 창문은 다음과 같이 생겼습니다.

이런 창문은 안쪽에서 보면 다음과 같이 생겼습니다.

바깥쪽은 둥글지만 안쪽은 네모난 문을 여닫을 수 있도록 하였지요. 이런 문을 둥글다고 보통 월창(月窓)이라고 하는데 지금도 중국에 가면 많이 볼 수 있는 형태의 창문입니다. 이런 월창을 문자로 만든 것이 바로 '빛날 경(囧)'자입니다. 원래는 둥근 월창을 본뜬 글자인데 그만 훈이 '빛나다'로 바뀌었습니다.

빛날 경(囧)

갑골문　　금문　　소전　　해서

　이런 월창에 달빛이 비치는 비치면 어떻게 될까요? 그것을 나타낸 자가 바로 '밝을 명(明)'자입니다. 아마 이런 이유 때문에 '경(囧)'자의 훈이 '빛나다'로 바뀐 것 같습니다. 명과 경은 운도 같은 계열입니다. '밝을 명(明)'자에 대하여 상세한 것은 다음에 더 알아보기로 하고 여기서는 일단 월창에 비치는 달의 모습을 형상화한 글자만 보고 넘어가도록 하겠습니다.

밝을 명(明)

금문대전

한옥의 북쪽에 난 작은 통풍구입니다. 겨울에는 거의 닫아 놓고 있다가 가끔씩 열어서 통풍이나 시키곤 하였습니다. 반면 여름에는 항상 열어서 시원한 바람이 들도록 하였죠. 이런 환기창이라면 합천 해인사에 있는 대장경 장판각의 창문이 있습니다.

전면과 후면의 창은 크기가 각자 다른데 공기의 흐름을 인위적으로 조절해서 불경의 장판이 항상 건조한 상태를 유지하도록 하기 위해서 그렇게 만들었습니다. 이런 조상들의 놀라운 과학적 지식은 세계문화유산으로 지정됨으로써 인정을 받았죠. 이렇게 공기가 통하게끔 북쪽으로 난 환기창을 한자로 '향(向)'이라고 하였습니다. 지금은 '향한다'는 뜻으로 쓰이지만요.

향할 향(向)
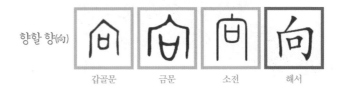
갑골문   금문   소전   해서

윗부분은 집의 지붕에서 파생되어 나중에는 집을 나타내는 한자에 부수로 쓰이게 된 '집 면(宀)'자가 변한 것입니다. '집 면(宀)'자는 현재 부수로 읽을 때 보통 '갓머리'라고 합니다. 아래의 '입 구(口)'자가 바로 북쪽으로 향하여 난 창문을 말합니다.

집의 창에는 저런 용도 말고도 또 창이 있습니다.

방으로 통하는 문 위로 구멍이 빠끔하게 난 것이 보이죠? 저 창은 방과 연결된 것이 아니고 부엌과 연결된 것입니다. 잘 빠지지 않는 부엌의 연기라든가 수증기, 그리고 냄새까지 쉽게 바깥으로 배출시키도록 한 환풍 장치인 셈이지요. 이런 사정은 서민의 집에서도 마찬가지였습니다.

초가지붕 끝에 구멍이 난 것이 보이죠? 이 구멍은 집이 낡아 허물어져서 난 구멍이 아니고 위의 사진과 같은 용도로 일부러 낸 구멍입니다. 이런 집을 우리는 까치구멍집이라고 합니다. 안동 일대를 중심으로 하여 강원도까지 더 북쪽으로 발달했던 가옥 구조였습니다. 지금은 저렇게 환풍을 위한 목적으로 쓰였지만 아주 옛날의 움집에서는 난방도 이렇게 하였을 것입니다. 전체 주거 공간을 따뜻하게 하려면 말이지요. 이런 용도로 연기나 수증기 냄새를 배출하기 위한 것을 나타내는 한자가 바로 '창 창(窓)'자입니다. '窓'은 '窗', '囪' 또는 '牕'이라고도 썼는데 뜻은 똑같습니다. 지금은 그냥 창문이라는 뜻으로 다 통용되고 있습니다.

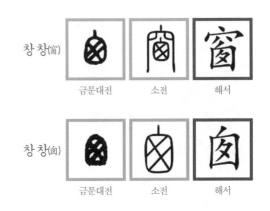

창 창(窗)

금문대전　　소전　　해서

창 창(囪)

금문대전　　소전　　해서

문에도 문(門)이 있고 호(戶)가 있으며, 창도 다양한 용도로 여러 가지가 있음을 알아보았습니다. 문이든 호든 모두 외부와 단절시키는 기능을 하는 것입니다. 경우에 따라서 우리는 문호(門戶)를 잘 개방하고 또 단속도 하여야겠습니다.

수레

車, 兩(輛)

옛날 중국의 탈것에 관련된 한자를 알아보겠습니다.

위의 사진은 이집트의 전차(戰車) 모형입니다. 얼마 전에 리들리 스콧의 영화 〈엑소더스: 신들과 왕들〉이 개봉되었습니다. 하지만 소위 베이비붐 세대들은 아직도 서사극의 대가였던 세실 B. 데밀이 감독하고 찰톤 헤스톤과 율 브린너가 주연한 〈십계〉를 잊을 수가 없습니다. 옛날에는 주로 저런 전차에 타고 무기를 조작하여 상대방을 쓰러뜨렸죠. 영화

〈십계〉에서 파라오역을 맡은 율 브린너가 타고 활약하던 전차가 바로 저런 전차였습니다. 이런 전투 양상은 중국도 예외는 아니었습니다. 한 나라에 들어서도 당분간은 이런 전투가 계속되었습니다. 중국의 전차는 아래와 같은 모양이었습니다.

이 사진은 중국 산동성에 있는 임치고차박물관(臨淄古車博物館: 임치는 전국시대 齊나라의 수도로 지금의 淄博)에 있는 옛 전차의 모양입니다. 말은 실제 말이고 전차는 돌로 만든 부장품입니다. 이 유물은 옛날에 중국 사람들이 말과 전차를 얼마나 중시했는가를 보여 주는 것입니다. 다른 각도에서 찍은 박물관의 사진을 한 장 보겠습니다.

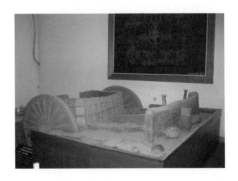

이곳에는 말의 해골은 보이지 않고 전차를 몰았음직한 사람의 유골이 보입니다. 그러나 제가 말씀드리고자 하는 더 중요한 것은 뒤쪽에 걸려 있는 액자의 고문자입니다. 전서(篆書)인데 옛날 '수레 거(또는 차, 車)'자의 여러 가지 형태가 보입니다. 이 수레는 끌채와 끌채를 연결하는 멍에까지 다 나타내면 아마 다음과 같은 모양일 것입니다.

지금은 실생활에서는 쓰이지 않고 영화에서나 나올 법한 이런 이두마차를 복원한 형태는 다음과 같습니다.

가장 위에 나왔던 이집트식 전차와 마찬가지로 멍에가 두 마리 말을 한꺼번에 묶을 수 있도록 양쪽으로 나 있습니다. 그러면 위의 사진에 보이는 수레와 이두마차용 멍에를 나타내는 문자들을 한번 보도록 할까요. 춘추전국시대 때까지만 해도 이런 이두마차가 보편적이었던 모양입니다. 그래서 '수레 거(車)'자에 이런 모습이 고스란히 표현되어 있습니다.

수레 거(車)　　갑골문　　금문　　금문대전　　소전　　해서

갑골문의 거(車)자가 수레와 끌채, 멍에를 나타낸 가장 원래 모양에 가까운 글자일 것입니다. 다만 수레바퀴의 표현이 입체파 화가들이 그린 듯 둥근 형태로 보이는 것이 좀 이채로워 보입니다. 가로로 긴 글자는 죽간 등 세로로 쓰게 되는 옛 필기구에 적합한 서사의 편리성 때문에 세로로 눕혀서 쓴다고 앞에서 이미 말한 적이 있습니다. 갑골문의 거(車)자를 세로로 쓰면 금문대전의 형태가 될 것입니다. 그러나 이미 금문의 자형을 보면 현재 우리가 쓰는 거(車)자와 같이 획이 많이 간략화되어 있습니다.

한편 옛날 수레의 가장 주된 용도는 전투용이었습니다. 지금도 예외 없이 무기가 과학의 발전을 주도하는 것과 마찬가지입니다. 컴퓨터와 내비게이션 같은 것만 봐도 그렇습니다. 가장 먼저 무기로 쓰이다가 그 다음에 그 기술이 조금씩 민간으로 나와 퍼지게 되는 것이지요. 이 수레에는 통상 세 사람이 탔습니다.

　2010년이었나요? 중국에서 야심차게 공자의 부활을 알리기 위해 만든 영화 〈공자〉의 한 장면입니다. 이두마차가 끌고 세 사람이 탔습니다. 중간의 사람이 말을 모는데 이를 어자(御者)라고 합니다. 오른쪽에 있는 사람은 주로 무기를 다룹니다. 이를 수레 오른쪽에 탄 사람이라 하여 거우(車右)라고 하지요. 그리고 공자는 수레 모는 사람의 왼쪽에 타고 있습니다. 그 자리는 주장(主將)이나 지휘관이 타는 자리입니다. 공자가 이 수레의 지휘관인 것입니다.

　한편 한대 같은 후대로 오면 기동력, 곧 말 그대로 마력(馬力)을 높이기 위해서 한 대의 수레에 한꺼번에 네 마리의 말을 매기도 했습니다.

이런 네 마리의 전투마를 맨 수레는 요즘의 개념으로 치면 사기통 엔진 차량이라고 할 수가 있겠죠. 양 옆의 말을 참마(驂馬)라고 하는데 우리말로는 곁말이라고 합니다. 그리고 가운데 두 마리 말은 복마(服馬)라고 합니다. 영화 〈벤허〉에 보면 네 마리 말을 어떻게 배치해야 하는지 말하는 부분이 나옵니다. 한편 수레 위에 탄 전투 인원은 이두마차일 때나 같이 세 명입니다.

거(車)자는 바로 위에서 본 수레의 모습인데 말 두 마리를 묶는 멍에도 고스란히 표현되어 있습니다. 여기서 멍에 부분을 빼면 지금의 '수레 거(車)'자가 되는 것입니다. 그렇다면 저 이두마차용 멍에만 문자로 나타내면 어떻게 될까요? 아래의 모양처럼 되겠죠.

두 량(兩車)

금문 금문대전 소전 해서

다시 세로로 길쭉한 모양이 되어서 원래의 형태를 회복했네요. 네 번째, 마차의 그림 부분에서 멍에만 그려 놓은 모습 그대로입니다. 이 글자는 금문에서 모양이 조금씩 변하였다가 소전에 오면 현재 우리가 아는 '두 량(兩)'자의 모습을 갖추게 됩니다.

량(兩)은 그러니까 원래는 이두마차용 수레를 끄는 말을 매는 멍에를 표현한 문자에서 나왔습니다. 그래서 나중에는 두 개가 하나의 짝이 되는 물건을 세는 단위사로 쓰이게 되었습니다. 예컨대 이곳의 바퀴가 둘 달린 수레라든가 젓가락, 신발, 부부 등 말이죠. 그런데 수레는 나중에

거(車)라는 의부를 받아들여 량(輛)자를 새로 만들어 내었습니다. 그래서 두 바퀴든 네 바퀴든 그 이상이든 바퀴가 달린 것은 모두 량(輛)자를 단위사로 썼습니다. 수레(두 바퀴), 승용차(네 바퀴), 버스나 트럭, 기차(짝수의 여섯 바퀴 이상) 등등 말이죠. 그리고 나중에는 또 뜻이 확장되어 굳이 둘이 하나의 짝을 이루지 않는 단순한 숫자 2도 량(兩)이라 하게 되었습니다. 양자(兩者), 양용(兩用) 등과 같이 말입니다. 한편 량(輛)자의 원래 훈은 '수레 한 채'라는 뜻입니다.

그런데 車를 읽을 때는 거와 차의 두 음이 있습니다. 이런 둘 이상의 음을 가진 한자를 파음자(破音字)라고 합니다. 어떤 경우에 달리 읽게 될까요? 일반적으로 배운 바에 의하면 동력원이 사람인 경우에는 거로, 동력원이 사람이 아닌 경우는 차로 읽는다고 합니다. 인력거는 사람이, 마차·우차·자동차는 각각 말과 소·엔진을 가동시키는 연료가 동력원이 되죠. 그럼 이런 경우는 어떻게 읽어야 할까요? 전기로 움직이는 자전거, 즉 원동기 장치 이륜차. 자전거일까요, 아니면 자전차일까요?

그릇

皿, 血, 盥, 盤

대구의 팔공산 자락에는 방짜유기박물관이 있습니다. 유기(鍮器)를 만드는 과정을 보여 주기도 하고, 체험을 할 수 있는 공간도 있으며, 유기 장인이 만든 유기를 전시 판매도 하고 있습니다. 그 전시품 가운데 다음과 같은 것이 있습니다.

상태로 보아서 출토품인 것 같지는 않고 아마 복제품인 것 같습니다. 옛날에는 요즘과 달리 그릇에 저렇게 굽이 달렸습니다. 재질은 사진 같은 금속보다는 주로 흙으로 만든 것이 많았지만…… 저렇게 굽이 달린 그릇을 한자에서는 '명(皿)'이라고 합니다.

흙을 빚어 만든 명(皿)

그릇 명(皿)

갑골문   금문   금문대전   소전   해서

옛날에는 저런 그릇에 물을 담아 잠잠해지면 거울 대용으로 쓰기도 했습니다. 그것을 표현한 글자는 감(監)입니다. 거울에 대해서는 다음에 알아보기로 하고, 저런 그릇이 가장 중요한 용도로 쓰인 것은 아마 왕들끼리 회맹(會盟: 정상회담)을 할 때였을 것입니다. 회맹이 끝나면 요즘 같은 조인식을 하는데 물론 당시에는 지금처럼 서명을 하거나 도장을 찍지 않았습니다. 명(皿)에다 희생 제물로 바친 동물의 피를 받아서 마심으로써 조약이 실효성을 갖게 되었습니다. 아마 이럴 때 쓰인 명(皿)은 굉장히 호화로웠을 것입니다.

위의 사진처럼 금으로 된 명(皿)은 왕의 무덤에서 출토된 것인데, 아마 왕들끼리 회담을 할 때는 이 정도 그릇에 피를 담아 마시지 않았나 합니다. 그릇(皿)에 피를 담아 놓은 모습이 바로 '피 혈(血)'자입니다.

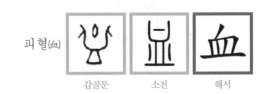

피 혈(血)

갑골문　　소전　　해서

갑골문의 명(皿) 안의 핏방울과 소전의 가로획이 바로 피를 나타냅니다. '피 혈(血)'자에서는 위의 삐침이 바로 명에 담긴 피를 나타내죠. 정상회담을 마치면 참석자들이 서열에 따라 피를 마시는데 이것을 바로 삽혈(歃血)이라 합니다. 회맹에서 맹약한 내용을 읽고 참석자들이 돌아가며 마십니다. 물론 벌컥벌컥 마시는 것이 아니라 입술에 조금 바르는, 곧 흉내만 내는 정도였습니다. 이렇게 함으로써 피의 맹세인 혈맹(血盟) 관계가 성립되는 것이죠. 맹(盟)자에도 '그릇 명(皿)'자가 들어가죠? 요즘 같이 도장 찍는 조인식보다 실제 한 피를 가진 한 형제가 되는 아주 엄숙한 의식이었음을 알 수 있습니다.『사기·평원군열전』같은 데 보면 조약을 맺은 왕뿐만 아니라 모수(毛遂) 같은 그 자리에 참석한 각급의 신하들도 모두 삽혈을 하였습니다. 다만 왕들은 큰 희생인 소의 피로 삽혈을 하였고, 신하들은 등급에 따라 닭피까지 썼다는 점이 다를 뿐입니다. 혈맹 관계, 이렇게 생겨났네요.

  명(皿)을 가지고는 손을 씻기도 하였습니다.

  식당인 것 같네요. 종업원이 고객에게 손을 씻을 수 있도록 팔뚝에는 수건을 걸치고 손 씻을 물을 그릇에 담아 가져다주고 있습니다. 이렇게 그릇에 물을 받아 손을 씻는 글자는 관(盥)이라고 하였습니다. 대표 훈은 '대야'라고 합니다.

대야 관(盥)

갑골문   금문   소전   해서

216

지금은 비록 많이 쓰이지는 않지만 조선시대에만 해도 일상적인 용어 가운데 관즐(盥櫛)이라는 것이 있었습니다. 세수하고 머리를 빗는 것을 말하지요. 대륙에서는 또 잘 안 쓰는데 대만에서는 화장실에서 일상적으로 볼 수 있는 글자이기도 합니다. 이 글자는 한번만 잘 생각을 해보면 거의 다 외우게 됩니다. 대야에서 물로 두 손을 씻는 것을 생각하면 되죠. 그런데 실제 손을 씻는 그릇은 위의 명(皿)보다는 넓고 펀펀한 그릇이 쓰였는데 이런 그릇을 반(盤)이라고 합니다. 반(盤)자에도 '그릇 명(皿)'자가 들어가죠. 그러나 반(盤)자는 형성자이기 때문에 다른 자형은 별 의미가 없습니다.

이 반은 대만의 국립고궁박물원에 소장되어 있는 산반(散盤)이라는 세숫대야입니다. 산(散)은 아마 소유주의 성씨일 것입니다. 위의 명처럼 굽은 달렸는데 윗부분의 액체를 담는 부분이 넓고 펀펀합니다. 옛날에는 귀족들이나 되어야 이런 대야를 소유할 수 있었습니다. 그리고 '씻는' 행위는 단순히 몸을 씻는 동작을 넘어서 마음까지 깨끗하게 한다는 상징적인 의미가 깃들어 있었습니다. 그래서 반에는 좌우명(座右銘)을 새겨 넣어 몸을 씻거나 세수를 하기 전에 반의 바닥에 새겨 놓은 명문을 읽으며 몸가짐을 바로잡곤 하였습니다.

　산반에 적힌 내용입니다. 아마 이런 명문 가운데 가장 유명한 것은 바로 탕임금의 대야에 적인 좌우명일 것입니다. 탕임금의 대야이기 때문에 보통 탕지반(湯之盤)이라고 하는데『대학(大學)』에 수록되어 전해집니다. 거기에 적힌 명문에서는 다음과 같이 말하고 있습니다. "진실로 어느 날에 새로워졌거든 나날이 새롭게 하고, 또 나날이 새롭게 하라!(苟日新, 日日新, 又日新)" 우리가 부지불식간에 쓰는 일신(日新)이라는 말이 바로 여기서 나왔습니다. "날로 새롭게 하라." 우리 마음속에도 깊이 새겨 넣어야 하겠습니다.

식기

合(盒), 會(膾), 食, 卽, 旣, 卿

용기(容器)는 우리 일상생활에서 없어서는 안 될 물건입니다. 먹는 음식은 물론 생활 용품을 담아두는 중요한 기물입니다. 여기서는 주로 식기에 관련된 한자들을 중심으로 살펴보도록 하겠습니다.

유기(鍮器)입니다. 우리 말로는 놋그릇이라고 하지요. 안성에서 이 유기를 아주 잘 만들었다고 해서 안성맞춤이란 말이 생겨났다고 하죠. 요즘 결혼을 하면 양가의 부모님께 유기를 많이 선물해 준다고 합니다. 유기는 우리나라에서 상당히 오랜 역사를 지니고 있습니다. 박물관에 가면 많이 볼 수 있는 유물이 바로 이것이라는 사실이 이를 증명합니다.

그러나 이 유기는 옛날 사람들에게는, 특히 우리네 세대의 어머니를 위시한 여인들에게는 좋은 추억이 없을 것입니다. 설날 같은 명절이 되면 유기를 닦는 것이 첫 번째 일이었는데, 기와를 곱게 갈아 재를 섞어서 새끼줄을 뭉쳐 이 유기를 반짝반짝 윤이 나도록 닦는 것이 큰 일이었을 정도였으니까요. 유기는 연탄가스에 노출되면 가장 색이 잘 변했던 것 같습니다. 대략 주 연료가 연탄일 무렵 사라졌다가 도시가스가 나오면서부터 다시 사용을 하게 되지 않았나 생각됩니다. 이 사진들의 특징은 뚜껑이 있는 식기들이라는 것입니다. 이는 한자 '합할 합(合)'자로 표현되었습니다.

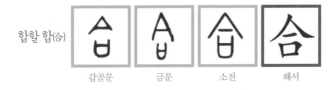

합할 합(合)

갑골문 금문 소전 해서

위의 삼각형 부분이 뚜껑을 나타내는 부분이고 아래의 네모 모양은 바로 그릇을 나타내고 있습니다. 그런데 이 합(合)은 뚜껑이 있는 그릇이므로 뚜껑을 덮는다는 동작에서 '합하다'라는 뜻을 나타내게 되었습니다. 그러면 그릇이라는 의미는 완전히 없어졌을까요? 다른 부분을 첨가하여 원래의 뜻을 보존하면 됩니다. 그릇은 '皿'으로 나타내었으니 이 합자의 원래 뜻을 나타내는 글자는 바로 합(盒)자로 자연스레 바뀐 것입니다. 반합, 찬합 등의 합자가 바로 이 합(盒)자지요.

그리고 이 합자에는 재미 있는 일화가 하나 있습니다. 주인공은 『삼국지』의 머리 좋기로 유명한 두 사람 조조와 양수입니다. 늘 전쟁터를 누비던 조조의 진영에 지역 주민이 찾아와 요즘으로 치면 치즈 비슷한 연유인 수(酥)를 가져온 것입니다. 그런데 조조는 한 입만 맛보고는 뚜껑을 덮어 봉한 후에 '합(合)'자를 써놓고 나갔습니다. 여러 사람들이 영문을 몰라 어쩔 줄을 모르는데 양수가 먹어도 좋다고 하는 것입니다. 사람들이 모두 물었죠. "정말?" "책임질 수 있어?" 양수는 이에 "물론, 그런데 한 입씩만 먹어야 해." 그러자 사람들이 "무슨 근거로?"라고 물었죠. 양수는 자신만만하게 웃으며 "여기에 '한 사람(人)에 한(一) 입(口)씩'이라고 적어 놓았잖아"라 하였습니다. 사람들은 그제서야 먹기 시작했고 이는 결국 나중에 조조에게 미움을 받아 죽게 되는 한 요인이 되기도 합니다. 참고로 우리나라의 맛있는 과자를 먹다가 중국에 가면 과자 맛이 없죠. 그럴 때는 과자의 포장지에 수(酥)자가 붙은 것을 먹으면 그래도 실망은 하지 않을 것입니다. 여기서 수(酥)자는 보통 잼 같은 의미로 쓰이는 것입니다.

이 뚜껑과 그릇 사이에 음식물을 넣으면 어떤 모양이 될까요? 바로 아래와 같은 모양이 되겠지요.

모일 회(會)

금문　　　　금문대전　　　소전　　　해서

'모일 회(會)'자는 합(合)의 사이에 음식물이 들어 있는 모양입니다. 이 음식은 아주 얇게 저민 생고기입니다. 이것을 우리는 뭐라 그러죠? 예, 바로 '회(膾)'라고 합니다. 그런데 회 역시 뚜껑을 덮으면 합(合)과 똑같이 만난다는 뜻이 되고 맙니다. 곧 회합(會合)이 되는 것이지요. 참고로 회(會)는 A와 B가 C라는 지점에서 만난다는 뜻입니다. 만나는 당사자들이 다 움직인다는 것을 말하죠. 그리고 회는 생고기라는 뜻을 상실해서 다시 고기를 나타내는 육달월(月)을 추가하여 지금은 회(膾)로 표기를 합니다.

위의 그릇은 저 앞의 모습과는 좀 다르죠. 재질을 가지고 이야기하는 것이 아닙니다. 밑에 굽이 있는 점이 다르다는 것이지요. 아마 식탁이나 상에 앉아서 밥을 먹는 문화가 일찍부터 생겨나 굽이 점점 짧아지다가

마침내 없어졌겠죠. 또한 맨바닥에서 밥을 먹던 시절에는 다음과 같은
사진의 그릇을 사용해야 했을 것입니다.

　이 정도는 되어야 아마 밥을 먹을 때 좀 편안함을 느끼겠죠? 그런데
여기에 내용물을 넣고 뚜껑을 닫으면 어떤 모양이 될까요? 아래와 같은
모양이 될 것입니다. 굽만 없으면 합(合)이나 회(會)자 같은 모양이 되겠
지요.

　이렇게 굽이 있는 그릇에다가 내
용물(음식)을 넣고 뚜껑을 닫은 모양
의 한자는 바로 '밥 식(食)'자입니다.

밥 식(食)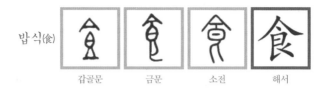

음식을 넣고 뚜껑을 닫으면 위 사진처럼 되겠지만 문자로 만들기 위해서는 내용물이 보이도록 표현을 해야 했을 것입니다.

굽 같은 것은 빼고 밥을 먹기 위한 준비를 하려면 첫 번째가 뚜껑을 여는 것이겠죠?

옛날에는 그릇보다 더 높이 밥을 담아 주기도 하였는데 그것을 '고봉'이라고 하였습니다. 이런 쌀밥 고봉은 1년에 딱 한번 생일 때나 먹어 볼 수 있는 것입니다. 그나마 그래도 형편이 좀 나은 집에서나 그렇게 했습니다. 그리고 앞의 사진처럼 잡곡이 섞인 고봉은 머슴들이 먹는 것이었죠. 이렇게 뚜껑을 벗긴 밥그릇은 '艮'자처럼 생겼는데, 실제로는 '낟알 흡(皀)'자를 씁니다. 제가 보기에는 '艮'자가 실제 모양에 더 가까운 것 같은데 말입니다.

밥을 먹을 때는 어떻게 할까요? 말하나마나 모두 밥 앞으로 시선을 두고 밥그릇에 바짝 붙어서 먹겠죠. 위의 사진처럼 말입니다. 이렇게 밥그릇에 바짝 다가앉아 시선을 밥으로 향하여 앉아 있는 글자가 바로 '곧 즉(卽)'자 입니다.

곧 즉(卽)

| 갑골문 | 금문 | 금문대전 | 소전 | 해서 |

그런데 이 글자 역시 '곧' 밥을 먹으려는 모양을 딴 글자라서 지금은 밥을 먹기 위해 다가선다는 뜻은 없어졌습니다. 밥을 다 먹으면 어떨까요? 밥상에서 물러날 텐데 대체로 고개부터 물러나려는 방향으로 먼저 돌린 후 몸이 따라 나가겠죠? 이 모양을 형상화한 글자가 바로 '이미 기(旣)'자입니다.

이미 기(旣)   갑골문   금문   금문대전   소전   해서

제일 마지막 소전은 고개를 '홱'하고 돌리면서 몸까지 완전히 돌아선 모양을 보이는 것 같습니다.

그러면 밥을 중간에 두고 양쪽에서 앉아 먹으면 어떻게 될까요?

송강호와 강동원이 주연한 영화 〈의형제〉의 한 장면인데 위의 모습처럼 되지 않을까요? 한자에는 이렇게 밥을 중간에 두고 두 사람이 함께 먹는 것을 표현한 한자도 있습니다. 바로 '재상 경(卿)'자입니다. 시선을 나타내는 것을 표현한 부분이 모두 안쪽을 향하고 있는 것을 볼 수 있습니다.

재상 경(卿)

금문   금문대전   소전   해서

옛날에는 나라끼리 회담을 하거나 맹약을 할 때 나라를 대표하는 사람들끼리 모여서 저렇게 식사를 하면서 얘기를 하였나 봅니다. 그래서 높은 사람들끼리 예의를 지켜가며 함께 식사를 하는 사람들이 '경(卿)'이 된 것이죠.

원래 식사와 관련 있는 글자인 경(卿)자가 식사와는 상관이 없는 뜻을 가지게 되자 이의 뜻을 보존한 글자가 나왔습니다. 바로 '饗'자입니다. 밥과 상관이 있는 글자니까 형체소로 '밥 식(食)'자가 들어갔고 '재상 경(卿)'자는 모양이 약간 바뀌어서 '고을 향(鄕)'자가 된 것입니다. 음소를 나타내는 부분이 모양도 음도 다 바뀐 경우입니다.

창

戈, 矛, 戟, 武, 我, 義(儀)

중국에 가면 관광지에서 흔히 볼 수 있는 광경 중 하나입니다. 주로
성이라든가 전투 유적지 같은 곳에 가면 이렇게 각종 무기의 모형을 많
이 전시해 놓은 광경을 흔히 봅니다. 참으로 다양한 무기의 형태인데 거
의 창과 관련된 모형입니다. 각종 창들의 명칭이라든가 모양을 다음과
같은 도화로 나열해 놓은 것과 같겠죠.

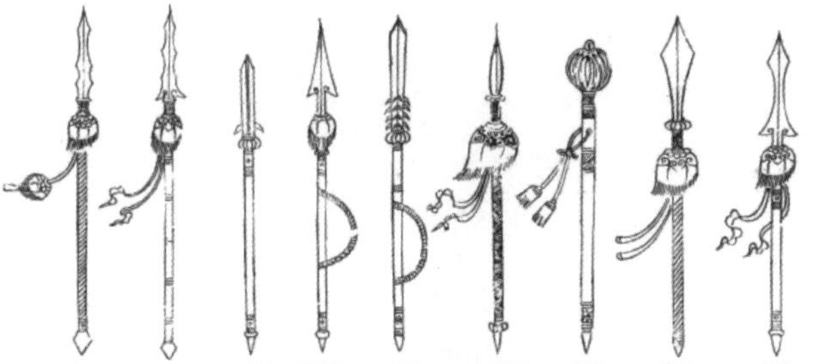

鸦项枪 素木枪 环子枪 单钩枪 双钩枪 大宁笔枪 槌枪 梭枪 锥枪

위의 도화는 모두 창(槍)이라는 명칭을 쓰고 있습니다만 사실 시대에 따라 창은 그 모양을 달리했습니다. 전투 양상에 따라 시대별로 가장 많이 쓰이던 창의 형태가 아무래도 다를 수밖에 없었을 테니까요. 그런 오랜 전쟁의 역사에서 가장 먼저 상용 무기로 자리를 잡은 것은 과(戈)였습니다.

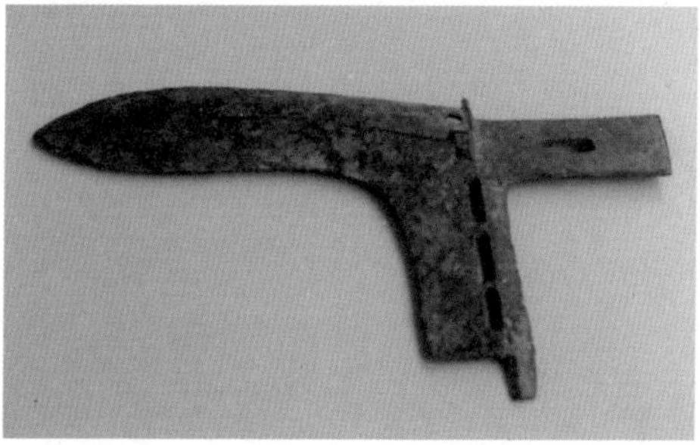

고고학 발굴에서 나온 과의 형태입니다. 무엇과 닮은 것 같습니까? 추석이 되면 벌초를 할 텐데 그때 쓰는 낫과 많이 닮았죠? 깨끗하게 복원된 과를 보고 계속 설명하겠습니다.

이 과에는 사용자로 보이는 사람의 이름이 새겨져 있네요. 이런 금속 기물에 새겨진 것을 금문(金文)이라 하며, 이 시기에 문자가 많이 정형화 됩니다. 새기지 않고 찍는 경우가 많았기 때문입니다. 계속 과에 대하여 설명을 드리자면 오른쪽 부분이 자루를 다는 곳입니다. 홈을 파고 고정 을 시킨 후 과에 난 세 개의 구멍에 끈을 넣어 자루에 단단히 매는 것입 니다. 자루의 길이는 약 2~2.5m, 어쩌면 그보다도 더 길었습니다. 옛날 에는 전차를 타고 싸웠습니다. 『삼국지』처럼 필마단기로 싸우는 전투 양 상이 보편화된 것은 한나라 때 이후입니다. 전차에는 세 사람이 탑니다. 어자(御者)와 주장(主將), 그리고 거우(車右)가 타게 됩니다. 거우는 수레의 오른쪽, 그러니까 어자의 오른쪽에서 무기를 다루는 사람입니다. 주장은 왕이 출전하면 왕이 타기도 하고 다른 전차에는 서열에 따라 배정이 되 겠습니다만 왼쪽에 타게 되겠죠. 시대에 따라 왼쪽과 오른쪽으로 번갈아 높은 사람이 위치를 하게 되었는데 저 시대에는 왼쪽이 더 높은 자리였 던 모양입니다. 주장의 지휘 하에 어자가 마차를 몰고 적진으로 돌진을 합니다. 적진에서도 마찬가지겠지요? 둘이 교차할 때 무기를 조작하는 거우가 과를 휘둘러 상대방의 가장 취약한 곳, 목을 노립니다. 서양의 기 사가 긴 창으로 정면에서 마주 달려와 찌르는 양상과는 조금 다릅니다.

창과(戈)

| 갑골문 | 금문 | 금문대전 | 소전 | 해서 |

'창 과(戈)'자는 청동 기물에 새긴 금문에서는 다른 모습을 띠기도 합니다. 청동기물에 새긴 글자는 장식성이 훨씬 강한데 그런 경향을 여실히 보여 주고 있습니다.

창과(戈)

또 다른 금문

그런데 적의 마차와 뒤엉키거나 아주 근거리에서 적과 맞부닥치는 일이 발생하면 그때는 어떻게 할까요? 마주 달리지 않는 짧은 거리에서 자루가 긴 과를 휘두르면 원심력에 의해 베는 무기인 과는 효용성이 많이 떨어질 것입니다. 그때 쓰이는 무기가 바로 찌르기 전용 창인 모(矛)입니다.

발굴을 통해서 세상에 모습을 드러낸 모의 각종 모습입니다. 특이한 것이 보이죠? 아랫부분의 고리를 주목해 주시기 바랍니다. 이는 모라는 무기가 상용무기가 아니었으므로 끈을 꿰어 흔들리는 전차에서 떨어지지 않도록 묶어 놓기 위한 장치입니다. 그러니까 적군의 전차와 서로 얽혔을 때는 모를 풀어서 상대를 먼저 '찌르는' 사람이 이기겠죠?

아마 모 가운데 가장 독특하고 유명한 것이 장팔사모(丈八蛇矛)일 것입니다. 위의 사진은 와구관이란 곳에 있는 장비의 모습입니다. 동자가 들고 있는 뱀이 혀를 날름거리는 모양의 창끝이 장팔사모임을 말해 주고 있습니다.

드라마에서 장비가 장팔사모를 내지르며 용맹하게 달려들고 있습니다. 장팔사모라는 명칭은 1.8장 길이의 뱀 모양 찌르는 창이라는 뜻을 가지고 있습니다. 좀 더 자세히 보면 다음과 같은 모양을 하고 있습니다.

보기만 해도 끔찍하죠? 살상력을 극대화한 창이라고 할 수 있겠는데 어지간히 힘이 센 용사가 아니면 힘에 부쳐서 잘 사용하지 못할 것입니다. 그야말로 장비 같은 힘센 장수에게나 어울릴 법한 무기라 할 수밖에요.

창 모(矛)

금문　　금문대전　　소전　　해서

갑골문에서는 모(矛)자가 보이지 않는 것으로 보아 베는 창인 과(戈)보다 늦게 생겨난 무기임을 알 수 있습니다. 자세히 보면 금문에는 사용을 하지 않을 때 전차에 묶어둘 끈을 꿰는 구멍이 표현되어 있습니다. 그러나 전서쪽으로 오면 구멍보다는 끈을 연상시키는 획이 더 부각되어 보입니다.

그리고…… 이런 상상, 아니 자연스런 생각도 해볼 수 있을 것입니다. 만약에 과와 모를 하나로 결합한 하이브리드형 창이 있다면? 지금 우리가 상상할 수 있는 모든 것은 이미 옛날부터 거의다 존재했다고 보면 됩니다. 시대적 요구와 기술력의 발달이 그것을 실현해야 모습을 드러내겠지만요. 이렇게 과와 모의 하이브리드 형 무기를 극(戟)이라고 합니다. 다음은 출토품의 모습입니다.

위는 모고 옆은 과인 무기입니다. 나무로 된 자루는 없고 금속으로 된 과와 모의 결합체만 있습니다. 자루를 끼운다면 다음과 같은 모습일 것입니다.

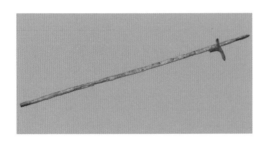

다음은 과(戈)가 여러 갈래인 극(戟)입니다. 이 극은 호북성(湖北省) 수주(隨州)에서 출토된 증후(曾侯)의 을묘(乙墓)에서 발견된 것입니다. 이렇게 과가 여럿이 달려서 장식성이 강한 무기는 실용적인 무기라기보다는 주로 의식에서 쓰였을 무기일 가능성이 많습니다.

실제 증후의 옷칠을 한 관에는 다음과 같이 가면을 쓴 사람이 다과극(多戈戟)을 들고 있는 형상이 새겨져 있었습니다.

이 그림은 여러 갈래의 과가 달린 극이 실제 전쟁보다는 주로 모종의 의식에서 사용되었음을 보여 주는 것입니다. 이처럼 여러 갈래를 가진 창을 서양에서는 삼지창이라고 합니다.

저런 형태의 삼지창은 우리나라의 포졸들도 사용하였고 서양에서는 해신(海神)인 포세이돈의 상징물처럼 여겨지기도 할 정도였습니다. 한편 위의 세 갈래 과를 가진 극을 방향을 돌려보면 다음과 같은 모습을 보이겠죠?

이런 모양의 의식용 다과극을 나타낸 문자가 있습니다. 바로 '나 아(我)'자입니다.

나 아(我)

| 갑골문 | 금문 | 소전 | 해서 |

의식(儀式)이란 일종의 동류 의식(意識)을 고취하는 행사지요. 오죽하면 동류의식을 강조하면서 한 자리에 모인 사람들끼리 "우리가 남이가?"라는 구호를 붙이기까지 하겠습니까? 이렇게 의식을 통하여 남이 아닌 우리, 나를 나타내다 보니 이 글자에서 '나'라는 뜻이 생겨난 것이 아닐까요?

의식을 위해서 이렇게 비실용적인 의장용 무기를 만들었습니다만 보다 중요한 의식에서는 장식을 더 강화해야 했습니다. 저런 거창한 다극과에다가 다시 깃털이나 화려한 수술, 또는 멋진 양뿔 같은 소품을 써서 더욱 장식을 해야 했던 것이지요. '어린이날'이면 으레 보이는 의장대의 총도 수술 등으로 장식을 하잖아요. 이런 무기를 나타낸 글자가 바로 '옳을 의(義)'자입니다.

옳을 의(義)

| 금문 | 금문대전 | 소전 | 해서 |

다과극인 '아(我)'자 위에 깃털 장식 같기도 하고 양머리 같기도 한 장식을 하였습니다. 이런 국가적인 의식(儀式)은 언제나 옳은 것이지요. 그

래서 원래 의식을 뜻하던 '옳을 의(義)'자는 그만 '옳다'는 뜻으로 쓰이고 원래의 뜻인 의식을 뜻하던 글자는 '거동 의(儀)'자로 바꾸어서 쓰게 되었습니다. 의식의 주체가 사람이라는 것이지요.

한편 이런 극 형태의 무기는 중세의 서양에도 있었습니다. 서양에서는 보통 이런 형태의 무기를 미늘창이라고 하지요. 미늘은 한번 들어가면 잘 빠지지 않게 끝을 낚시바늘처럼 구부린 것을 말합니다. 그런데 베는 과가 위치할 부분에 보통 도끼 같은 것을 부착하죠.

지금도 바티칸에서 교황청을 지키는 수비대들은 저런 모양의 창을 들고 교대식을 합니다. 관광객들에게 엄청난 인기를 끌고 있다고 합니다. 그러니 현재는 더 이상 인명 살상용 무기라기보다는 하나의 관광객 유치용 소품으로 전락해 버렸다고 보는 것이 옳겠죠. 그리고 장비의 장팔사모 못지않게 이 극의 달인이 역시 『삼국지』에 나오죠. 바로 방천화극(方天畵戟)의 달인 여포입니다.

　방천화극의 모습은 위의 사진처럼 드라마에서 여포가 휘두르는 모의
한쪽에만 과가 달린 경우도 있습니다.

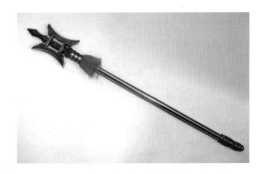

　또 위의 그림처럼 모의 양쪽에 과가 달린 경우도 있습니다.
　보통 아래쪽 모양이 더 멋져 보여서 그런지 아래쪽 모습으로 등장하
는 경우가 훨씬 많습니다.

창 극(戟)　

금문　　금문대전　　해서

극(戟)자도 갑골문에 나타나지 않는 것으로 보아 비교적 늦게 출현하였나 봅니다. 아니면 제사에서 역할을 못하였기 때문일 수도 있겠죠. 무기와 관련된 글자를 소개하려니 좀 끔찍한 설명도 나오지만 그래도 흥미는 더 있는 것 같습니다.

그리고 창과 관련된 글자 중 빠뜨릴 수 없는 글자가 한 자 더 있습니다. 바로 '호반 무(武)'자입니다. 이 무(武)자는 당초 '그칠 지(止)'자와 '창과(戈)'자가 결합한 회의자로 생각되어 왔습니다만 수천 년을 잠자던 갑골문이 등장함에 따라 비로소 상형자로 인정을 받았습니다. 아니 제 위치를 찾은 것이지요.

홍콩 무협 영화에서나 볼 수 있음직한 멋진 폼으로 각종 무기를 다루고 있네요. 중국에서 올림픽을 할 때 시범 종목으로 채택되기도 했던 우슈입니다. 우슈는 한자로 '武術'로 표기하며 한국어로는 무술이라고 읽습니다. 우리가 우슈로 알고 있던 스포츠 종목이 무술이었다니요…….

우슈 중에서 창을 가지고 멋진 연출을 하고 있는 모습입니다. 중국에서는 우슈가 엄청난 인기를 끌고 있고 전문 양성 교육기관이 있을 정도입니다. 이런 열기를 조성한 인물로는 중국에서 전국 우슈대회를 5년 연속 제패한 후 배우로 전향해 세계적인 인기를 끌고 있는 리롄제(李連杰, Jet Li)를 꼽을 수 있습니다. 어떻게 보면 리샤오룽(李小龍, Bruce Lee)이 실제 무술로 영화계를 장악했다면 리롄제는 그냥 폼으로만 인기를 끈 것이지요. 무자의 옛 자체를 한번 보도록 할까요?

호반 무(武)

갑골문   금문   소전   해서

발과 창을 그려 놓은 것이 '호반 무(武)'자입니다. 회의자로 인식되어 온 것은 창(戈)을 그치게(止) 한다는 생각에서 나온 것입니다. 그러나 갑골문을 보면 무(武)자는 창을 짚고 행진을 하거나 위의 사진처럼 창을 가지고 멋진 퍼포먼스를 하는 것임을 알 수 있습니다. 리렌제처럼 완벽하게 연출을 해내면 다른 사람들은 지레 겁을 먹고 도전 의사를 포기하겠죠. 반대로 헛점 투성이에 실수를 반복하면 반대로 도전의 의지가 생기게 되겠죠. 이렇게 무력을 행사하여 상대방의 도전 의지를 꺾어 놓는 것이 이 '호반 무(武)'자의 본뜻입니다.

조선시대에는 벼슬아치를 양반(兩班)이라고 하였습니다. 이 양반은 문반(文班)과 무반(武班)을 함께 부르는 말입니다. 그런데 왜 무반이라고 하지 않고 '호반(虎班)'이라고 할까요. 무(武)자가 일찍부터 왕의 이름으로 쓰여, 사용하는 것을 꺼리느라 그랬던 것입니다. 그러다 보니 동물 중에 가장 용맹하다고 하는 호랑이를 붙여서 '호반'이라고 부르게 된 것이지요.

활과 화살

弓, 張, 射, 引, 弱, 矢, 至, 備, 函, 族, 短

이번에는 활 및 화살과 관련된 각종 글자들을 한번 알아보겠습니다. 활과 화살은 옛날에 전쟁을 할 때 가장 중요한 무기였습니다. 요즘 무기에 관한 정보가 외국에 유출되지 않도록 집중 단속을 하는 것처럼 옛날에는 활의 탄력을 높이기 위한 재료인 무소뿔은 무역금지 품목으로 지정되었을 정도였습니다. 설령 약재로 쓰려고 해도 말이죠. 활은 다음과 같이 생겼습니다.

왼쪽의 사진은 사용을 하지 않을 때의 활입니다. 시위를 풀어 놓은 모양이지요. 이를 '부린 활'이라고 합니다. 사용을 하지도 않으면서 계속 시위를 걸어 놓으면 탄력이 떨어지게 됩니다. 결과적으로 살 상력을 저하시키는, 곧 무기의 성능이 떨어지는 원인이 되기 때문입니다. 사용할 때에야 비로소 오른쪽의 모양처럼 시위

를 걸어서 썼습니다. 이렇게 시위를 걸어 놓은 활의 모양을 본뜬 글자가 '활 궁(弓)'자이고 부린 활을 본뜬 글자는 '약할 약(弱)'자입니다.

<table>
<tr><td>활 궁(弓)</td><td>갑골문</td><td>금문</td><td>금문대전</td><td>소전</td><td>해서</td></tr>
</table>

<table>
<tr><td>약할 약(弱)</td><td>금문대전</td><td>소전</td><td>해서</td></tr>
</table>

'활 궁(弓)'자는 갑골문에는 시위가 활에 걸려 있는데 뒤로 가면서 시위가 없는 글자로 표현을 하였습니다. '약할 약(弱)'자는 궁(弓)자의 아래쪽에 줄을 세 개 표현하였는데 벗겨 놓은 시위가 늘어진 모양을 나타낸 것입니다.

또 다른 부린 활의 모습인데 비슷하지 않습니까? 그리스 신화를 보면 오디세우스의 활도 쓰지 않을 때는 시위를 풀어놓았죠. 구혼자들이 힘이

달려서 아무도 시위를 걸지조차 못하는 장면이 나옵니다. 그럴 때 활은 사실상 무기 역할을 못하기 때문에 '약하다'라는 뜻이 나온 것입니다.

활을 팽팽히 당기면 무슨 모양이 될까요?

바로 위와 같은 모습이 되겠죠? 이렇게 화살을 매겨서 시위를 최대한 당긴 뜻을 나타내는 글자가 바로 '베풀 장(張)'자입니다.

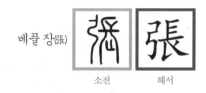

베풀 장(張)

소전　　　해서

그러나 '베풀 장(張)'자는 상형문자가 아니고 활을 나타내는 궁(弓)을 부수인 형체소로 삼는 형성문자이기 때문에 사실상 여기서 거론해야 할 글자는 아니겠지요. 다만 그래도 활(弓)에 화살을 매겨 시위를 한껏 길게

(長) 당겼으므로 활과 관련이 없는 글자는 아닙니다. 그러면 사람이 화살을 시위에 매겨서 당기면 어떤 모양이 될까요. 다음의 그림처럼 되겠죠.

　그림에서는 화살은 보이지 않네요. 아마 연전에 김한민 감독이 연출하여 흥행에 크게 성공한 〈최종병기 활〉이라는 영화의 다음 장면과 같이 될 것입니다.

　이렇게 활에다 화살을 먹여서 금방이라도 쏠 듯한 모습을 나타낸 한 자가 바로 '쏠 사(射)'자입니다.

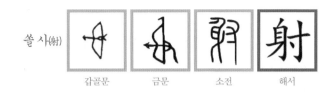

쏠 사(射)

갑골문 　　 금문 　　 소전 　　 해서

갑골문의 '사(射)'자는 어릴 적 제법 그렸을 법한 큐피드의 화살을 연상케 하는 앙증맞은 모습으로 살상력을 지닌 무기라는 생각이 잘 들지 않습니다. 금문에 와서 비로소 화살을 당기는 손을 나타내는 '마디 촌(寸)'자가 추가되었는데, 소전에 와서는 무슨 이유에서인지 '활 궁(弓)'자가 '몸 신(身)'자로 바뀌어 있습니다.

　활을 쓰려면 무엇보다도 활을 우선 집어들어야겠지요? 활을 집어드는 것을 표현한 한자는 '끌 인(引)'자입니다. 우리는 지금 이 '인(引)'자에 방향을 나타내는 보어를 붙여서 인상(引上: 끌어올리다)이니 인하(引下: 끌어내리다)니 하는데, '끌 인(引)'자 자체가 바로 '끌어올리다'의 뜻을 가지고 있습니다.

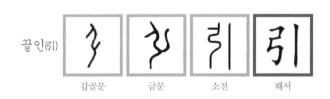

끌 인(引)

갑골문 　　 금문 　　 소전 　　 해서

　활만 있고 화살이 없다면 총만 있고 총알은 없는 경우나 마찬가지겠지요. 활의 효용성은 화살에서 생겨나니까요. 아래의 사진은 각종 화살의 모양입니다. 백제의 고분에서 출토된 화살을 복원한 것이라고 합니다. 과연 활의 민족, 동이(東夷)족 답습니다. 위에서 잠시 언급한 〈최종병기 활〉을 보면 정말 다양한 화살과 활쏘는 법이 등장하여 활에 대한 관심이 많이 높아졌었죠. 어느 화살이나 모양은 사진처럼 화살촉과 화살대, 그리고 깃털로 구성되어 있습니다.

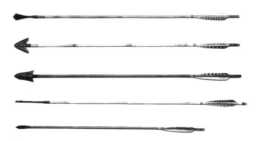

　그런데 화살의 촉이 위쪽으로 오도록 하면 바로 다음 사진과 같은 모습이 되겠죠.

그리고 이런 화살의 모습은 다음과 같은 형태로 문자화되었습니다.

화살 시(矢)

| 갑골문 | 금문 | 금문대전 | 소전 | 해서 |

도화에 가까운 문자로부터 점점 간략화되어 시(矢)자에 가까워지는 모습을 볼 수 있습니다. 이 화살은 살상용 무기이고 발사체는 활입니다. 활에 화살을 매겨 발사하면 다음과 같이 목표물을 향해서 날아가겠죠?

다음 쪽의 사진은 과녁에 명중한 활의 모양입니다. 옛날 영국의 전설적인 궁수 윌리엄 텔이나 소설 속 주인공인 로빈 후드는 자식의 머리에 사과를 얹어서 쏘기도 하고 같은 자리에 다시 맞아 화살을 쪼개고 들어가기도 했다죠. 그런가 하면 사자성어 '백발백중(百發百中)'의 주인공인 양유기는 백보나 떨어진 곳에서도 단 한 번의 실수도 없이 버들잎을 쏘

아 떨어뜨렸다고 합니다. 무려 백 번씩이나 말이죠. 이런 예는 멀리서 찾을 필요도 없이 우리나라 양궁선수들에게서도 찾아볼 수 있습니다. 동이족의 후예답게 올림픽에서 과녁 한복판 중계용 카메라를 명중시킨 적이 있습니다. 그것도 한 번만이 아닙니다. 두 번의 명중으로 중계진은 물론 시청자들까지 놀라게 한 진기명기였습니다.

화살이 날아가서 목표물에 명중한다면 다음 사진과 같은 모양으로 촉이 박힐 것입니다. 이렇게 화살이 과녁에 명중한 그림이나 사진을 보면 생각나는 이야기가 하나 있습니다. 옛날 어떤 부대가 활쏘기 연습을 하였는데 과녁에 하나도 명중을 시키지 못하였습니다. 그런데 막상 전쟁이 일어나자 이 부대에 이름 모를 신장(神將)이 와서 도와줘 적을 크게 물리친 것입니다. 그날 밤 꿈에 그 신장이 모습을 드러냈다죠. "신께서는 어느 분이시길래 우리를 이기게 해주었습니까?" "나는 과녁의 신이다?" "한데?" "너희만이 내 몸을 하나도 다치지 않게 한 것이 기특해서 도와줬느니라."

　다음의 한자들은 화살이 목표물에 닿은 것을 나타낸 것들입니다. 화살이 가로로 긴 형태를 띠고 있으므로 글씨를 쓰는 대쪽[간독]에 적합하게 그리기 위해 세로로 그린 것입니다. 그리고 화살 아래의 '한 일(一)'자 모양의 작대기는 구체적인 목표물을 나타내는 것이 아닌 지사(指事)부호입니다. 그러니까 화살촉이 위쪽을 향하게끔 표현한 시(矢)자는 상형자가 되고, 반면에 화살이 날아가 촉이 아래쪽을 향하게끔 박힌 것을 표현한 문자인 지(至)는 지사자가 되는 것입니다.

이를 지(至)

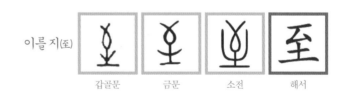

| 갑골문 | 금문 | 소전 | 해서 |

　화살은 늘 몸에 지니고 다니면서 상대를 쏠 수 있도록 해야겠죠? 그리고 만약에 당장 화살을 쏠 일이 없다면 화살을 자루 같은 데 넣어서 보관을 할 것입니다. 바로 아래의 사진은 화살집, 즉 전통과 화살을 찍은 것입니다. 이 화살집은 개방형 전통이죠.

　이런 모양의 전통을 화살의 깃털이 위쪽으로 향하여 오도록 표현한 문자가 있습니다. 바로 아래의 '갖출 비(備)'자입니다.

갖출 비(備)　

금문　　　금문대전　　　소전　　　해서

　원래 왼쪽의 편방인 '사람 인(人)'자는 나중에 첨가된 것이라고 합니다. 활과 화살을 사용하는 주체인 인(人)자를 추가한 형태인 것이죠. 금문에서의 모양은 인(人)자만 없으면 그야말로 전통에 화살을 꽂아 놓은 모양과 똑같습니다. 위에서 말했던 것처럼 당장 활과 화살을 쓰지 않을 경우에는 자루 속에 넣어 위쪽을 봉하여서 보관을 한다고 하였죠?

위의 사진은 옛날에 화살을 운반할 때 쓰던 통입니다. 비가 와도 젖지 않도록 뚜껑이 있는 것이 특징이고 어깨에 맬 수 있도록 끈도 달려 있습니다. 비록 자루 모양은 아니지만 당장 쓰지 않는 화살을 넣어 둔다는 측면에서 보면 화살을 넣어 두는 자루와 일맥상통할 것입니다.

바로 다음의 '함 함(函)'자가 그런 모양에서 나온 글자입니다.

나중에는 화살을 넣어 두는 것뿐만 아니라, 재질이 자루가 아닌 나무 등으로 만든 것도 모두 함(函)이라고 하였죠. 그리고 옛날부터 화살은 규격품에 가까웠습니다. 요즘 각 나라마다 쓰는 총과 총알 등 각종 무기가 똑같듯이 말입니다.

아무리 규격을 맞추려고 노력을 해도 부득이하게 약간씩은 길이의 차이가 있을 것입니다. 그렇긴 해도 하나만 가지고 쏜다면 화살이 자의 대용 역할도 했겠죠? 아래의 소전은 바로 그런 것을 나타낸 글자입니다. 자의 대용인 화살을 가지고 다른 물건을 재는 것입니다. 측정 대상물은 제기인 두(豆)네요. 두가 화살보다 짧죠? 그래서 짧을 단(短)자를 이렇게 쓰는 것입니다.

짧을 단(短)

금문대전　소전　해서

　『예기』의 「투호(投壺)」편 같은 것을 보면 화살을 던지는 지점과 항아리 사이의 거리를 규정하는 부분이 나옵니다. 던지는 화살의 두 개 반 거리라고 합니다.

　　도산서원의 유물관인 옥진각에 있는 투호 항아리와 투호 화살입니다. 당당히 옛날 천원짜리 지폐의 전면을 장식하던 그 모습입니다. 얼핏 보면 단(短)자와 비슷한 모습을 하고 있음을 알 수 있습니다. 이렇게 화살은 다양한 용도로 쓰일 수가 있었습니다. 옛날에는 향교 같은 큰 공립학교가 아닌 협소한 사립학교인 서당 같은 곳에서 정신 집중을 위해 활쏘기(射) 대신 투호를 하였습니다. 요즘은 투호가 특별한 기간에 관광지에서나 가서 하는 전통놀이가 되었지만요. 틈을 내어 투호를 할 기회가 생긴다면 화살을 잘 던지시기를 바라겠습니다.

　위에서 화살은 규격품에 가까웠다는 말을 하였습니다. 그래서 하나의 겨레붙이는 모두 같은 복장에 같은 무기를 썼습니다. 우리나라의 의궤(儀軌)같이 청나라의 군대를 그린 다음 그림에는 깃발 아래 같은 복장을 하고 같은 무기를 소지한 일사분란한 군대의 모습이 그려져 있습니다.

그림에서 제일 뒤쪽에 있는 군인들은 궁수(弓手)들입니다. 지금의 포병 부대가 가장 뒤쪽에 포진하는 것과 같습니다.

궁수의 모습을 확대하면 다음과 같은 모습이 될 것입니다.

활(弓)을 들고 개방형 전통(箭筒, 곧 備)에 화살(矢)을 잔뜩 꽂은 청나라의 전사입니다. 이렇게 하나의 깃발 아래 같은 무기를 쓰는 겨레끼리 모인 것을 나타내는 글자가 바로 '겨레 족(族)'자입니다.

겨레 족(族)

| 금문 | 금문대전 | 소전 | 해서 |

펄럭이는 깃발 아래 있는 화살은 다만 화살을 나타내는 것이 아니라 '무기'를 대표하는 요소입니다. 지금의 국기 아래서 열병식을 하는 군인들의 모습을 상상해 보면 될 것입니다. 활이나 화살과는 상관없는 글자이지만 깃발 아래 여기저기서 모인 사람들을 나타내는 글자는 무엇일까요? 바로 '나그네 려(旅)'자입니다.

나그네 려(旅)

| 갑골문 | 금문 | 소전 | 해서 |

옛날에는 대규모로 사람을 동원하는 것이 거의 군사적 목적을 띠었으므로 이 글자는 원래 '군사'라는 뜻으로 먼저 쓰였습니다. 현대식 군대의 편제인 '여단(旅團)'이라고 할 때 이 글자를 쓰지요. 이렇게 어중이떠중이들이 모인 군대이므로 너는 저쪽에서, 너는 저쪽에서 하는 식으로 출신지를 묻다 보니 자연스레 '나그네'라는 뜻이 추가되었습니다. 그러나 이 글자는 갑골문부터 보이고 족(族)자는 금문부터 보이는 것으로 보아 하나의 겨레를 모아 군대를 편성한 것은 보다 뒤의 일이었을 것으로 생각됩니다.

거울

監, 鑑, 覽

앞에서 '그릇 명(皿)'자에 대하여 알아보았었죠? 그때 잠깐 언급한 글자가 거울을 나타내는 '살필 감(監)'자였습니다. 이번에는 거울과 관련 있는 '살필 감(監)'자에 대하여 한번 알아보도록 하겠습니다.

명경지수(明鏡止水)라는 말이 있습니다. 이 말의 뜻은 모르는 이가 많지 않으리라 생각되지만 그래도 여기에서 소개할 글자와 밀접한 관련이 있으므로 한번 살펴보도록 하겠습니다. 밝은 거울과 잔잔한 물이라는 뜻인데, 나중에는 주로 고요하고 깨끗한 마음을 가리키는 말로 쓰이게 되었죠. 이 말은 『장자·덕충부(莊子·德充符)』에 나오는 말로 공자가 노나라의 왕태(王駘)라는 사람을 평가하는 부분에서 나오는 말입니다. 원문을 잠깐 인용해 보면 다음과 같습니다. "사람은 아무도 흐르는 물에 (자기 얼굴을) 비쳐 볼 수 없다. 잔잔하게 가라앉은 물이어야 비쳐 볼 수 있다(人莫鑑於流水, 而鑑於止水)." 여기에 감(鑑)자가 나오는데 동사로 쓰였죠.

이런 명경지수라면 사물을 있는 그대로 잘 비쳐 줄 수 있을 것입니다. 위의 사진처럼 말이죠.

위 『장자』의 인용문에서 말한 것처럼 옛날 사람들은 요즘 사용하는 거울을 사용할 수 없었습니다. 유리 뒷면에 수은을 바르는 기술이 없었으니까요. 으레 고요한 수면에다 자신의 얼굴을 비춰보곤 했습니다. 아래 그림 속의 나르키소스처럼 말이죠.

이 그림은 존 윌리엄 워터하우스(John William Waterhouse)가 1903년에 그린 〈에코와 나르키소스〉라는 그림입니다. 나르시시즘이란 말을 만들어낸 주인공답게 에코의 시선에도 아랑곳 않고 수면에 열심히 자기 모습을 비추어 보며 도취되는 모습입니다. 잔잔한 수면을 거울로 대신하였다는 것은 세계 어디서나 마찬가지였다는 점을 보여 주고 있습니다. 약간 방향을 바꾸어 말하자면 이 소재는 많은 화가들에게 영감을 주었던 모양입니다. 다음은 카라바조(Caravaggio)의 그림입니다.

카라바조의 그림에는 에코가 나오지 않습니다. 남의 시선 따위는 안중에도 없다는 것을 더 적극적으로 나타내는 것일까요. 뿐만 아니라 신화의 인물이라기보다는 의상 등으로 볼 때 당시 귀족의 인물을 그린 것 같습니다. 한편 실내에서는 수면을 거울의 용도로 사용하기가 한결 수월했을 것입니다.

커다란 세숫대야 같은 기물에 물을 받기만 한다면 바람 등 외부적인 요소의 영향은 훨씬 적었을 테니까요. 다음 그림은 레오나르도 다 빈치가 그린 그림입니다.

동굴 또는 실내 같아 보이는 곳에서 커다란 그릇에 자기 얼굴을 비추어보는 모습입니다. 안타깝게도 수면에 비친 얼굴 모습은 보이지 않지만 얼굴을 비쳐 보는 중임은 누구나 다 알 수 있습니다. 요즘도 수면이 잔잔하고 거울은 없는데 자기의 모습을 비추어 보려고 한다면 같은 방법을 썼을 것입니다. 아래의 사진처럼 말이죠.

꼬마가 수면 위로 넘어진 나뭇가지에 올라 자기의 모습을 유심히 관찰하고 있습니다. 이렇게 수면 위로 자기의 모습을 비춰보는 글자가 바로 '살필 감(監)'자입니다. 감(監)자의 옛 자형은 다음과 같습니다.

살필 감(監)

갑골문　　　금문　　　소전　　　해서

갑골문에서 왼쪽의 글자는 그릇을 나타내는 명(皿)자입니다. 오른쪽에는 눈 밑에 그릇 쪽으로 몸을 굽힌 사람을 표현하였습니다. 옛날에는 신(臣)과 목(目)을 같이 썼습니다. 다만 신(臣)은 옆에서 본 눈이고, 목(目)은 정면에서 본 눈의 모습이라는 차이점만 있습니다. 그리고 금문(金文)에서는 위와 같이 그릇 위의 수면과 구부린 상체 위의 눈 모습을 더 확연

260

하게 표현을 하였습니다. 측면에서 본 눈을 나타내는 신(臣)자가 훨씬 더 잘 드러납니다. 그리고 이 글자는 금문대전에서는 마침내 눈을 나타내는 신(臣)자를 몸과 분리하여 왼쪽으로 떼어놓게 됩니다. 회화와 문자가 구분되는 과정에서 빚어진 어쩔 수 없는 과정이라고 생각됩니다.

그리고 점차 세월이 흘러 거울을 대체할 만한 물건이 나오게 되었습니다. 재료는 구리였고 그렇게 만든 거울이 바로 동경(銅鏡)입니다. 구리는 큰 범주로 보면 금속을 대표하는 금(金)이니까 감(監)자의 앞에 첨가하여 재료를 나타내었죠. 그리고 감(監)자는 본연의 뜻으로 돌아가 '본다', '살핀다'는 뜻으로만 쓰이게 되었습니다.

거울 감(鑑)

금문　　　소전　　　해서

'거울 감(鑑)'자가 의외로 금문부터 나온 것을 보면 금속제 거울이 만들어진 역사가 꽤 됨을 알 수 있습니다. 한 가지 덧붙이자면 거울은 초창기에는 거북의 등껍질 같은 재료를 갈아서 만들기도 했습니다. 귀감(龜鑑)이라는 말에서 그 뜻을 알 수가 있습니다. 거울의 용도는 무엇일까요? 물론 사물을 비추어 보는 것이지요. 얼굴에 묻은 오물 따위는 거울을 보고 제거할 수가 있습니다. 역사도 마찬가지입니다. 과거를 거울삼아 현재를 비추어 볼 수가 있습니다. 거울 삼아야 할 은나라가 멀지 않다는 뜻의 성어 '은감불원(殷鑑不遠)'처럼 말입니다. 그런데 잘못된 과거가 자꾸만 되풀이되는 것을 보면 역사를 거울로 삼는 데는 익숙지 않은 것이 인간이 아닌가 하는 생각도 들게 합니다.

　그리고 '살필 감(監)'자가 거울을 보거나 외모를 살핀다는 뜻보다는 감독(監督), 감시(監視) 등의 뜻으로 쓰이다 보니 다시 본래의 뜻을 지닌 글자를 만들어 내야 했습니다. 그렇게 만들어진 글자가 바로 '볼 람(覽)'자입니다. 감(監)자 자체에도 눈으로 본다는 뜻을 나타내는 신(臣)자가 있는데 여기에 '볼 견(見)'자까지 추가를 한 것입니다.

볼 람(覽)

금문대전　　소전　　해서

　금문대전에서야 비로소 '볼 람(覽)'자가 보이는 것을 보니 만들어진 시기는 비교적 늦음을 알 수 있습니다. 그런데 눈을 나타내는 신(臣)과 본다는 뜻의 견(見)자까지 들어 있는 글자지만 뜻은 그냥 빙 둘러보는 것을 말합니다. 한번 둘러본다는 뜻의 일람(一覽)이라든가, 전시 품목을 편안하게 쭉 둘러보는 전람(展覽) 등의 단어가 이를 말해 줍니다. 실제로 꼼꼼히 따져서 상세히 살펴본다는 뜻을 가진 한자로는 '볼 관(觀)'자와 '살필 찰(察)'자 등이 있습니다. 이 두 글자는 서로 호훈(互訓) 관계에 있으므로 함께 써서 관찰(觀察)이라고 하지요. 문자의 발전 단계가 상형(지사까지 포함)에서 회의, 그리고 형성을 거쳐 전주와 가차의 운용 단계까지 갔다가 다음에는 단어인 자의 조합, 곧 복음사의 단계로 흐른다는 것을 보여 줍니다.

의복

衣(裳), 求, 裘, 卒

위의 사진은 한나라 때 유적인 마왕퇴(馬王堆) 유적에서 발견된 옷입니다. 마왕퇴 유물은 완벽하게 보존된 관곽에서 발견된 미라 상태의 시신부터 시작해서 많은 유물이 발견되었으며 현재 호남성박물관에서 전시 중입니다. 이 옷의 주인공 미라는 아마 호남성박물관에서 가장 인기 있는 전시물 가운데 하나일 것입니다. 그 가운데 특히 요즘 입는 옷보다 훨씬 가볍고 고급스런 비단옷이 다량 발견되어서 복식 연구에 큰 도움을 줬다고 합니다. 위의 옷을 보면 양 팔의 소매와 여미는 앞섶 등 전체적인 모양에서 현재의 옷이나 크게 다름이 없음을 알 수 있습니다.

위의 사진은 조선시대 때 선비들이 입었던 학창의(鶴氅衣)라는 옷입니다. 한나라 때 마왕퇴에 묻힌 귀부인의 옷과 다른 곳이 거의 없습니다. 옷고름이 길게 나 있는 점이 좀 다르지요. 학창의라는 옷의 뜻은 '학의 깃털을 짜서 만든 옷'이라는 뜻입니다. 실은 이 옷을 입으면 소매 끝이 검은색을 띠어 학처럼 보이기 때문에 그렇게 부릅니다.

두 마리 학이 군무를 추고 있는 모습입니다. 어때요? 위의 학창의와 많이 닮지 않았나요? 이 학창의를 입고 깃부채[羽扇]를 들고 앉은 채 적의 간담을 서늘하게 했던 사람이 있죠? 바로 『삼국연의』의 주인공 중 하나인 제갈량입니다.

오우삼의 영화 〈적벽〉에 나오는 제갈량의 모습인데 학창의를 입은 모습은 아니지만 옷의 앞섶을 여미고 띠[紳]를 맨 모습을 볼 수 있습니다. 바로 이렇게 옷의 여미는 앞섶과 양 소매를 나타낸 글자가 바로 '옷 의(衣)'자입니다.

옷 의(衣)

갑골문　　　금문　　　소전　　　해서

위의 사진 설명에서 알 수가 있듯이 '옷 의(衣)'자는 상의(上衣)를 나타낸 글자입니다. 이와 반대로 하의를 나타낸 글자는 우리가 '치마 상(裳)'이라고 하는 글자입니다. 상(裳)자는 의(衣)에서 형체소를, 상(尙)자에서 음소를 취한 형성자(形聲字)입니다. 그래서 의상(衣裳)은 바로 상의와 하의를 함께 이른 말이 되는 것이지요. 우리는 동가홍상(同價紅裳) 등에서 알 수 있듯이 주로 치마라는 뜻으로만 쓰고 있습니다. 옛날에는 도상(倒裳)이라는 말이 있었는데, 이 말은 앞뒤를 바꾸어 입은 바지를 일컬었습니다.『시경』과 도연명의 시 등에 이 말이 보이는데 주로 늦잠을 자거나 당황해서 허겁지겁 옷을 주워 입다가 앞뒤를 그만 뒤집어 입은 것을 말하죠.

멋진 모델이 아주 고급스러워 보이는 모피옷을 전신에 두르고 있네요. 예나 지금이나 서민들은 엄두를 못낼 옷이 바로 모피옷이지요. 일전에 신문에 보니 80% 할인해서도 2~300만 원 하는 것을 보고 깜짝 놀랐습니다. 이런 형편은 옛날에도 마찬가지였던 듯합니다. 오죽하면『논어·공야장(公冶長)』편에 공자가 제자들에게 각자의 뜻을 말해 보라고 하니까 자로가 "수레와 말과 가벼운 갖옷[輕裘]을 친구와 함께 쓰다가 해지더라도 유감이 없고자 하옵니다"라고 했을까요. 여기서 말하는 갖옷이 바로 요즘 말로 한다면 모피옷입니다. 갖옷을 위시해서 가죽 제품, 요즘으로 치면 피혁제품을 만드는 장인을 옛날에는 피장(皮匠)이라고 하였는데, 우리말로는 갖바치라고 합니다. 모피옷은 예나 지금이나 그만큼 구(求)하기가 어려웠던 것입니다. 갖옷 중에서도 으뜸은 단연코 호백구(狐白裘)가 아닐까 합니다.

　위의 사진은 〈삼국시대〉라는 영화의 한 장면입니다. 한 여인이 군대 앞에서 호백구를 입고 비파를 연주하고 있습니다. 이런 호백구는 천하에 둘도 없는 진귀한 옷으로 전국시대 당시에 제나라의 공자인 맹상군(孟嘗君)만 가지고 있었다는 옷입니다. 흰 여우의 가장 부드럽다는 겨드랑이 털만을 짜깁기해서 만들었다니, 모든 여인이 공히 탐을 낼 만한 옷이었던 거죠. 이 호백구를 하나 만들려면 수백 마리의 흰 여우가 희생이 되었을 것입니다. 그냥 여우도 아니고 말이죠. 이 호백구는 맹상군이 진나라 왕을 뵐 때 이미 폐백으로 바쳤죠. 그러다가 진나라 신하들의 반대로 감금되었는데 로비를 위해 접근한 왕의 애첩이 또 요구하자 낭패에 몰렸지만 구도(狗盜)가 개의 흉내를 내면서 잠입하여 훔쳐내 다시 바쳤다는 일화는 유명합니다. 이렇게 힘든 모피옷을 하나 장만했을 때는 이런 말을 하였을 것입니다. "야! 나도 드디어 한 구(裘) 했어." 여기서 갖옷을 나타내는 한자 구(裘)자의 원형은 바로 구(求)입니다. 그래서 옛날에는 구하기 어려운 물건을 구하는 것을 구(求)한다고 하였던 것이죠.

구할 구(求)

| 금문 | 대전 | 소전 | 해서 |

위 구자는 '옷 의(衣)'자에 털을 표현한 것이라고 합니다. 털이 붙어 있는 옷이라면 당연히 갖옷, 곧 모피옷을 말하겠죠. 그런데 이 구(求)자가 위에서 말한 것처럼 모피옷 같은 구하기 어려운 물건을 구한다(구하였다)는 뜻으로 쓰이게 되자 원래 형체소였던 求자가 음소로 바뀌고 형체소 '옷 의(衣)'자를 첨가해서 원래의 뜻을 보존하면서 글자를 분리해 낸 것입니다. 그래서 옷은 옷인데 모피로 만든 옷이란 뜻이 생겨난 것이죠. 이렇게 모피옷의 털을 표현한 모양은 구(求)자가 변한 구(裘)자의 옛 문자에는 더욱 확연하게 드러납니다.

갖옷 구(裘)

| 갑골문 | 금문 | 금문대전 | 소전 | 해서 |

갑골문을 보면 '옷 의(衣)'자 바깥으로 나온 털의 모양이 확연합니다. 그러다가 금문부터는 '구할 구(求)'자가 '옷 의(衣)'자 안으로 들어간 모습으로 바뀌게 되는 것이지요. 아 나는 언제나 구(裘) 한 벌 구(求)하나?

그리고 전쟁을 할 때도 옷을 입어야 했습니다. 이때는 자신의 몸을 보호하기 위하여 평상시 입는 옷과는 조금 다른 옷을 입어야 했습니다. 옛날에는 갑옷이라야 조금 두꺼운 천을 여러 장 덧댄 옷이거나 조금 형편이 나으면 가죽을 네모 모양으로 잘라서 옷의 겉에다 꿰맨 정도였습니다.

옆의 사진은 서안에 있는 병마용 2호갱에 있는 진나라의 중급 군리(軍吏)의 모습입니다. 요즘 우리로 치면 영관급 장교쯤 되려나요? 갑옷 편이 겨우 가슴과 배 부분을 가려 줄 뿐입니다. 아마 하급 관리였으면 더 열악했을 것이고 일반 병사였다면 더 말할 것이 없을 것입니다. 이렇게 하급 군졸들이 입는 갑옷을 나타낸 글자가 바로 '군사 졸(卒)'자입니다.

군사 졸(卒)　갑골문　금문　소전　해서

갑골문에는 갑옷 편을 X자 두 개를 표시한 형태로 처리된 모양의 글자도 보입니다. 모든 시대별 자형에서 '옷 의(衣)'자의 자형은 분명히 드러납니다. 갑옷 편을 붙인 모습이 뒤로 오면서 조금씩 달라집니다. 해서 '卒'자에서는 인(人)자 형태를 두 개 표현한 것으로 바뀝니다. 저

런 다소 열악한 갑옷을 입는 사람을 나타낸 글자가 바로 '군사 졸(卒)'
자입니다.

키

其, 箕, 棄

사진의 물건은 무엇일까요? 예, 키입니다. 시대가 시대이니만큼 신세대들은 무엇을 하는 건지 잘 모르겠죠. 하지만 중년을 넘긴 40대 후반의 세대라면 경험을 통해서 학습을 통해서 용도가 무엇인지 알 수 있을 것입니다. 어쩌면 질문 자체가 상식을 벗어난 것일 수도 있겠습니다. 지금은 저렇듯 박물관 같은 데 걸려서 전시나 되고 있지만 그리 오래지 않은 옛날만 해도 집에서는 없어서는 안 될 농기구 가운데 하나였습니다. 정면을 보면 다음과 같이 생겼습니다.

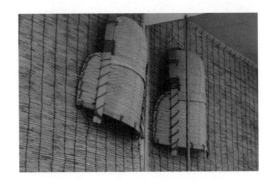

　가을걷이를 한 후 알곡과 쭉정이를 골라내는 역할을 하는 농기구입니다. 대나무를 휘어서 골격을 만들고, 대나무를 얇고 가늘게 쪼개어 살을 만들어 빈틈없이 짰습니다. 사진으로 보이는 부분의 위(안)쪽은 우묵하고 아래(바깥)쪽은 평평합니다. 위쪽에 까불 농작물을 넣어야 하기 때문에 이렇게 만들었습니다. 양쪽 가를 날개 모양으로 만든 것은 표면적을 넓히기 위해서입니다. 농기구 하나를 만드는 데도 지혜가 놀랍습니다.

　우리의 할머니인 듯싶은 사람이 키질을 하고 있습니다. 혹 어릴 때 이불에 지도를 그린 적이 있는 이들이라면 다른 용도로 쓴 적도 있을 것입니다.

　요즘은 축제 같은 데서나 경험할 수 있는 모습이지만 옛날에는 자다가 쉬를 하면 저렇게 키를 쓰고 소금을 얻으러 다니곤 했죠. 흔히 키질하는 것을 까분다고 하죠. 어릴 때 보았던 어머니의 키질하는 모습은 기가 막힐 정도여서 지금도 잊히지가 않습니다. 한쪽 손으로 옆을 탁탁 쳐가면서 바깥쪽으로 콩이나 팥 같은 키 안의 내용물을 집어 던지면 신기하게도 쭉정이는 밖으로 날아가고 알곡은 원을 그리며 다시 안쪽으로 들어옵니다.

앞의 그림은 바르비종파의 원조인 밀레의 〈곡식을 키질하는 사람〉입니다. 밀레는 이 그림 말고도 키질하는 사람을 그린 그림이 더 있습니다. 이로 보아 서양에서도 키질을 하였음을 알 수가 있습니다. 다만 키의 모습이 우리의 키 같지 않고 오히려 삼태기 같은 모습을 띠고 있으며, 여자가 아니라 주로 남자들이 다루었다는 사실이 조금 다를 뿐입니다. 그런 키를 한자로는 원래 '기(其)'라고 표기하였습니다.

그 기(其)

갑골문   금문   소전   해서

사실 글자의 윗부분이 키를 나타내었고 아래쪽의 '八(部首)'자는 두 손을 나타내었습니다. 갑골문에는 두 손 부분은 없고 키만 그려져 있습니다. 그런데 이 키는 한자가 만들어질 당시에 가장 보편적으로 쓰였던 농기구였던 모양입니다. 사람들이 '그것'을 가져오라면 키를 가져왔기 때문이죠. 그러다 보니 어느 순간 기(其)자는 더 이상 키를 나타내는 글자로 쓰이지 않게 되었습니다. 그러면 한자는 다른 글자를 만들어 내서 원래의 뜻을 보존하게 됩니다. 그래서 만들어진 글자가 '기(箕)'입니다. 사진에서 보다시피 키의 재료는 거의 대나무였기 때문에 '竹'을 부수자로 택한 것입니다. 졸지에 상형자가 형성자로 바뀌는 순간입니다. 요즘은 장식용품으로나 쓰이는 저 키가 옛날에는 가장 많이 쓰이던 농기구였다는 사실이 새삼스럽습니다.

좀 끔찍한 사실이지만 옛날에는 아이가 죽으면 삼태기에 담아서 버렸습니다. 위의 밀레의 그림에 보면 서양의 키가 삼태기와 비슷하게 생겼음을 알 수 있죠? '버릴 기(棄)'자의 옛 자형은 다음과 같습니다.

버릴 기(棄)

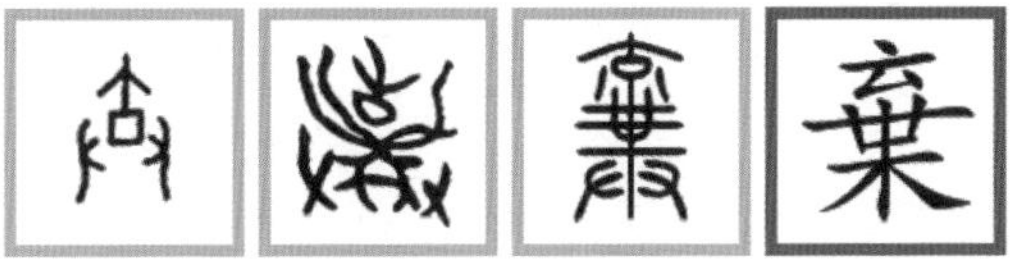

갑골문 금문 소전 해서

갑골문에는 아이가 신생아임을 묘사한 듯 머리를 아래로 한 아이(子를 거꾸로 쓴 것)와 두 손만 그려져 있습니다. 그러니까 지금은 간체자로 쓰이는 기(棄)의 고자인 기(弃)자가 본자였음을 알 수 있습니다.이 경우는 종(从: 從)이나 운(云: 雲)처럼 옛 자형을 회복하여 다시 쓰고 있는 경우입니다. 금문부터 두 손과 아이 사이에 어떤 물건으로 보이는 형체가 추가되었는데 키 내지는 삼태기로 보이는 요소입니다. 신생아인데 사산을 해서 버리는 모습을 문자로 표현한 것이지요. 그래서 원래는 죽은 아이를 삼태기(키)에 담아서 버린다는 뜻의 기(棄)자가 지금은 그냥 보편적으로 버린다는 뜻으로 쓰이게 된 것입니다. 꼭 해야 하거나 적법하게 처리하지 않는 경우를 유기(遺棄)라고 하는데 바로 이 뜻입니다. 그리고 청소년 시절의 공부는 평생의 자양분이 되니까 우리는 결코 학습을 포기(抛棄)를 하는 일이 없도록 하여야겠습니다.

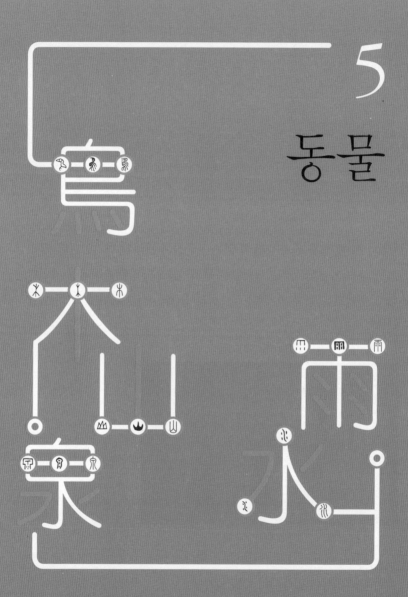

5

동물

뿔이 없는 동물

象, 爲, 馬, 豕, 家, 豕, 犬, 虎

이번에 배워 볼 한자는 뿔이 없는 동물들과 관련된 한자입니다. 뿔없는 동물들 가운데 가장 큰 동물은 무엇일까요? 아마 코끼리일 것입니다. 코끼리와 관련된 한자로는 '코끼리 상(象)'자와 '할 위(爲)'자가 있습니다.

동남아나 아프리카로 관광여행을 떠나면 많이 사오는 기념품 중에는 이런 목각인형이 있습니다. 직접 가보지 않은 사람에게는 집안의 공간

이나 차지하는 애물단지로 보일 수도 있겠지만 실제 여행을 다녀온 사람들에게는 각별한 애정이 있겠죠. 이 코끼리는 두 종이 있는데 아프리카 코끼리와 인도 코끼리입니다.

아프리카 코끼리

인도 코끼리

위풍당당함으로 따지자면 아프리카 코끼리를 따를 수야 없겠지요. 머리보다 더 큰 귀를 펄럭이며(실제로는 냉각장치) 달려들면 혼비백산 달아나지 않을 사람이 없을 것입니다. 성질도 사나워 길들일 수가 없다고 합니다. 그래서 대부분의 동물원에는 주로 인도 코끼리를 갖다 놓고 있다고 합니다. 인도 코끼리는 3~4,000년 전만 해도 중국 황하 유역의 어디에서나 볼 수 있었던 동물이라고 합니다. 인간의 난개발로 토지가 황폐화하는 바람에 지금은 그 지역에서 찾아볼 수 없게 되었지만 지금도 발굴을 하면 심심찮게 함께 묻힌 코끼리의 유골이 발견된다고 합니다. 이런 동물이라면 일찌감치 문자로 표현이 되었으리라는 것은 쉽사리 생각을 할 수 있을 것입니다. 더 이상 생략될 수 없는 도형까지 가면 문자의 가장 초기 형태가 되는데 코끼리는 처음에는 다음과 같이 묘사되었습니다.

코끼리 상(象)
갑골문을 눕힌 모양

코끼리 하면 가장 큰 특징인 코와 상아가 강조되었습니다. 귀가 강조되지 않은 것은 아마 당시 사람들이 아프리카 코끼리를 보지 못해서였겠죠. 이렇게 가로로 긴 문자는 세로로 긴 형태의 필기도구인 죽간이나 목독에 쓸(그릴) 수가 없었습니다. 그래서 노트에 맞추기 위해 글자를 세우게 되는데 바로 다음의 형태입니다.

코끼리 상(象)
갑골문 　　　 금문 　　　 소전 　　　 해서

성질이 난폭하고 거친 아프리카 코끼리와 달리 유순한 인도 코끼리는 인간의 반려자였습니다. 동남아에 여행을 다녀온 사람들이 올리는 여행기 같은 것을 보면 아래의 사진 같은 장면을 흔히 보게 됩니다. 코끼리에 가까이 다가서서 사람이 코끼리를 만지는 모습 말입니다.

필요한 경우에는 일도 시켰습니다. 옛날에 기중기 같은 중장비가 없던 시절 무거운 물건을 옮기는 일을 주로 하였을 것입니다. 아래의 사

진처럼 등에 타고 코끼리를 부려서 통나무 같은 인간의 힘으로는 들기 힘든 물건을 날랐죠. 타고 있는 사람을 보니 인도나 동남아 사람 같습니다.

불도저나 크레인 같은 중장비 역할을 거뜬히 하는 것 같습니다. 지금도 동남아에 가면 관광용으로 시범을 보여 주기도 합니다.

이렇게 코끼리를 부려서 일을 하는 모습이 '할 위(爲)'자입니다. 더 정확하게는 아마 '손으로 코끼리를 부려서 일을 할 위(爲)'자가 되겠죠. 그런데 앞의 코끼리를 부려서 일을 한다는 설명은 어느 순간 글자 풀이에서 사라지고 '하다'라는 뜻만 남은 것이죠. 역시 최대한 생략을 했는데 코끼리 부분은 그대로 살리고 사람을 나타내는 형체소는 손만 남겨 놓았습니다.

할 위(爲)

갑골문　　　금문　　　소전　　　해서

손을 나타내는 부분은 '손톱 조(爪)'자의 형태로 바뀌었습니다. 그리고 전서로 가게 되면 지금의 위(爲)자와는 많이 닮아갑니다만 코끼리의 형체소 부분이 많이 변형되게 되는 것이지요. 코끼리를 부리지 않아도, 힘든 일을 하지 않아도 요즘은 '일을 한다'면 '위(爲)'라고 합니다. 생각 같아서는 기중기 같은 중장비를 써서 일을 하는 작업에만 옛날 중(重)동물인 코끼리를 부려서 일을 한 이 '위(爲)'자를 쓸 자격이 있을 것 같은데 말입니다.

현재는 단순한 오락용 동물로 전락하였지만 한때 코끼리 못지않게, 아니 한 나라의 명운을 쥐고 흔든 동물도 있습니다. 바로 말입니다. 말은 흉노족이 세계를 제패할 수 있었던 가장 큰 동력원이었습니다. 서양에서는 훈족으로 불리는 흉노족 전사들은 2주 동안 오로지 말 위에서만 생활할 수 있었다고 합니다. 밤새도록 달리고 배가 고프면 말이 풀을 뜯는 사이에 말 젖으로 배를 채우곤 하면서 말입니다. 유럽을 유린할 당시 칸이 죽는 바람에 장례식에 참석하려고 돌아가지만 않았더라면 어쩌면 유럽은 훈족의 발아래 떨어졌을지도 모를 일입니다.

말이 다른 동물과 가장 다르고 특징적인 부분은 갈기일 것입니다. 갈

기를 바람결에 휘날리며 달리는 말의 모습은 보기만 해도 역동적입니다. '말 마(馬)'자는 바로 말의 갈기와 몸통, 그리고 발을 표현한 글자입니다.

말 마(馬)

말이 두 발로 위풍당당하게 서 있는 모습은 '말 마(馬)'자의 갑골문을 연상케 합니다. 그러나 실제로는 옛날 가로로 긴 죽간의 쓰임에 맞추기 위해서 그렇게 쓴 것이지 말의 이런 모습을 나타낸 것은 아닙니다. 좋은 말은 요즘으로 치면 스커드 미사일과 맞먹는 위력을 가졌다고 합니다. 한무제는 장건(張騫)이 대원(大宛)에 갔더니 피 같은 땀을 흘리는 좋은 말인 한혈마(汗血馬)가 있더라는 얘기를 듣고 말을 빼앗기 위해 대원을 치기까지 합니다. 그리고 한무제 당시에 이미 6만 마리에 이르는 품질 좋은 몽고말을 보유하였다고도 합니다. 서양에서도 이런 사정은 비슷해서 스페인의 피사로는 기병단 169명으로 무려 500배에 가까운 8만 명이나 되는 잉카군을 궤멸시켰다고 합니다. 이런 말에 대한 집착에 가까운 중국인들의 사랑은 예술품에서도 발견할 수 있습니다.

난주에 있는 감숙성박물관의 실크로드관에 있는 유명한 〈나는 제비를 밟고 달리는 말(馬踏飛燕)〉입니다. 완벽한 균형감을 자랑하는 천마를 표현한 이 조형물은 중국의 얼굴 중의 하나로 많은 중국을 방문하는 관광객들이 기념품으로 모형을 사 가기도 합니다.

이런 기풍은 당나라 때까지도 식지 않았는데 가장 유명한 그림은 당현종의 말을 그린 작품인 조야백(照夜白)일 것입니다. 밤을 흰 빛으로 밝게 비춘다는 말입니다. 한나라 때나 당나라 때나 모두 영토 확장으로 인한 무(武)를 숭상하는 기질이 잘 드러나 있는 것 같습니다.

다음에는 가축에 대해서 한번 알아볼까요? 중국 사람들은 가축하면 돼지를 제일 먼저 떠올릴 것입니다. 우리나라 사람들이야 쇠고기를 으뜸으로 치지만 중국에 가면 돼지고기가 제일입니다. 조리법도 우리가 상상하는 것 이상으로 많아서 이루 헤아릴 수가 없을 정도입니다. 서호변에 있는 식당인 누외루(樓外樓)에서 먹었던 동파육은 돼지고기 요리 중에서도 가장 유명할 것입니다.

어느 동물이 그러지 않았겠습니까만 애초에 돼지는 야생이었고, 또 맹수로 분류되었습니다. 공자의 가장 나이 많은 제자인 자로는 용맹을 과시하기 위해 늘 돼지 가죽으로 된 허리띠를 차고 다녔다고 하니까 공자 시대까지만 해도 돼지는 '용맹한' 맹수였던 모양입니다. 그러다가 돼지는 사람들에 의하여 길들여져 식재료를 제공하는 가축이 되었죠.

최근 천연기념물로 지정된 제주 흑돼지입니다. 옛날 우리 어릴 때는 모두 흑돼지였고, 비계에 박힌 검은 털 때문에 먹기를 주저했던 기억이 납니다. 이 돼지가 여느 동물들과 다른 점은 몸집입니다. 문자에도 그런 모습이 그대로 드러납니다.

돼지 시(豕)

갑골문 금문 금문대전 소전 해서

갑골문을 보면 몸집을 더 크게 표현한 것을 볼 수 있습니다. 그리고 짧은 꼬리. 돼지는 가축이 되면서 사람과 함께 살게 되었습니다. 이런 점을 표현한 것이 바로 '집 가(家)'자입니다.

'집 가(家)'자는 집에 돼지가 있는 모양입니다. 지금은 돼지 집인 돼지 우리를 생각하겠지만 아주 옛날에는 실제로 돼지와 사람이 한 공간에 살았다고 합니다.

집 가(家)

| 갑골문 | 금문 | 금문대전 | 소전 | 해서 |

금문을 보면 흑돼지가 바로 보입니다. 금문은 종종 문자가 간략화하는 추세를 역행하여 갑골문보다 더 장식적인 형태를 띠기도 하는데 이는 용도가 정(鼎)이나 종(鍾) 같은 장식적인 기물에 새겨지기 때문이었습니다. 한편 야생 돼지인 야저(野猪), 곧 멧돼지를 길들이려면 야성을 없애야 했습니다. 이런 모습을 표현한 글자가 바로 '발 얽은 돼지걸음 축(豖)'자입니다.

발얽은돼지걸음 축(豖)

| 갑골문 | 소전 | 해서 |

글자의 훈대로라면 돼지의 행동에 제약을 가하기 위하여 돼지의 발을 묶어 놓았다는 뜻이 됩니다. 그러나 현대의 문자학자들은 아마 수돼지를 거세하여 야성을 없애는 동시에 육질이 많고 부드럽게 하기 위한 조치였을 것이라고 생각합니다. 갑골문을 보면 날카로운 칼질을 한 듯한 형상이 보이고, 반면에 소전은 발을 묶어 놓은 듯한 모습입니다. 어느 쪽이든 처음 문자를 만든 사람이 증언을 해주지 않으면 문자학의 세계에서는 정답이라는 것이 있을 수 없습니다.

가축 중에서 인간과 떼려랴 뗄 수 없는 동물이 있는데 바로 개입니다. 개는 일찍부터 길들여져 인간의 반려동물이 되었죠. 우리나라에서도 저출산에 의하여 반려견이 아주 많이 늘어났다고 합니다. 개와 인간의 수명 차이 때문에 이별의 슬픔은 보통 인간이 겪게 됩니다. 외국에는 버젓한 개 공동묘지도 있다죠. 우리나라에는 천연기념물로 지정된 개가 많이 있습니다. 풍산개, 삽살개도 있지만 품위로 보면 개인적으로 진돗개를 제일로 치고 싶습니다.

진돗개입니다. 쫑긋한 귀와 말려올라간 긴 꼬리가 특징입니다. 다음은 '개 견(犬)'자의 시대별 자형입니다.

돼지보다는 조금 날렵하게 생겼고 쫑긋한 귀와 말려올라간 긴 꼬리가 그대로 표현되어 있습니다. 말린 꼬리는 소전에까지도 그대로 따르고 있습니다.

덩치는 조금 차이가 있지만 개와 비슷한 동물이 있습니다. 물론 가축은 아닙니다. 맹수인 호랑이니까요. 덩치를 제외하면 호랑이와 개는 모양이 아주 흡사합니다. 날렵한 몸매에 말려 올라간 꼬리, 그 중에서도 가장 큰 특징은 가죽의 줄무늬일 것입니다.

호랑이가 먹잇감을 찾아 어슬렁거리고 있습니다. 꼬리는 개처럼 위쪽으로 말려 올라가 있습니다. '범 호(虎)'자의 시대별 자형입니다.

범 호(虎)

갑골문   금문   금문대전   소전   해서 갑골문을 보면 얼룩무늬가 선명합니다. 그 뒤로는 날카로운 발톱 등으로 개와 모양을 달리했지만 역시 말려 올라간 꼬리는 소전까지 쭉 이어집니다. 현재 쓰는 해서(楷書)에서는 꼬리가 더 멋지게 말려 있습니다. 한자를 공부하면서 깨닫는 점 중의 하나는 그 동물의 특징적인 측면을 족집게로 집어내듯이 기막히게 잡아낸다는 사실입니다. 견(犬)자와 호(虎)자를 보면 그런 생각이 더 뚜렷해집니다.

뿔이 있는 동물

角, 牛, 牧, 半, 解, 羊, 鹿, 麗

동물들을 구분짓는 가장 중요한 차이의 기준은 무엇일까요? 생물학적인 분류는 차치하고 그냥 눈에 보이는 모습만 고려한다면 말입니다. 포유류의 동물만 해도 코끼리 같은 아주 큰 동물도 있는가 하면, 생쥐 같은 아주 작은 동물도 있지요. 이렇게 동물들은 크기가 제각각 다르기 때문에 크기가 동물의 차이를 결정짓는 요인은 되지 않을 것 같습니다. 저는 나름대로 동물의 가장 큰 차이점은 뿔이 있느냐 없느냐 하는 것이 아닌가 생각을 합니다. 현존하는 포유류 가운데 가장 큰 동물 중의 하나인 코끼리는 뿔이 없고, 반면에 작은 동물인 양은 뿔이 있지요. 이렇게 동물의 외양을 구분짓는 데 큰 역할을 하는 뿔에 대해서 한 번 알아보겠습니다.

참 멋진 뿔 장식입니다. 뿔을 가진 동물들은 그 뿔 때문에 목숨을 잃는 경우가 대부분입니다. 위의 사진처럼 다만 멋진 조각 장식품이 되어 인간의 눈을 호사시키기 위해서, 활 같은 무기의 탄력을 높이기 위해서, 또 아시아 대부분의 국가에서는 효험이 있는 약재로 인식되어 많은 동물들이 죽어갔지요. 또한 뿔은 멋진 남성의 상징물이기도 합니다. 옛날 북유럽에서 맹위를 떨쳤던 바이킹들을 보십시오. 하나같이 투구에 뿔 장식을 하고 있지 않습니까? 여하튼 뿔 있는 동물들이 동물들 사이에서는 더 강할 것 같은데 그 뿔로 멸종되어 가는 것을 보고 있노라면 참 아이러니하다는 생각이 듭니다.

동물의 몸에서 뽑힌 뿔이네요. 그런데 속이 비었네요. 속이 꽉 찼을 것 같은 느낌이 드는데 말입니다. 저렇게 속이 빈 뿔의 특성 때문에 뿔은 술잔의 재료로도 많이 쓰였는데 그런 영향이 바로 '잔 상(觴)'자에 남아 있습니다. 시작이라는 의미를 가진 단어 남상(濫觴)의 바로 그 '상'자입니다. 잔이 넘쳐흐르면 이 물이 냇물이 되고 강이 되고 바다가 된다는 데서 이런 뜻이 생겨났지요. 뿐만 아니라 뿔나팔 같은 악기도 만들어 썼습니다. 영화 같은 데서 한번씩 "뿌우~" 하면서 뿔나팔 부는 장면을 보신 적이 있을 것입니다. 주로 전쟁에서 신호로 쓰였죠.

뿔은 정도 차이는 있어도 거의 모두 저렇게 가로 무늬를 가지고 있는 것이 보통입니다. 속이 비고 가로로 무늬를 가진 뿔의 형상을 나타낸 한 자가 바로 '뿔 각(角)'자입니다.

뿔 각(角)

| 갑골문 | 금문 | 금문대전 | 소전 | 해서 |

서 있는 형태와 누워 있는 형태의 차이가 다를 뿐이지 갑골문과 금문의 '뿔 각(角)'자는 정말 위의 사진과 똑같습니다. 특히 금문은 위의 뿔을 보고 간략하게 스케치를 한 듯한 느낌이 들 정도입니다. 여기서는 동물들 가운데 뿔이 있는 동물들을 문자로 어떻게 나타내었는지, 뿔이 들어간 한자가 어떤 것이 있는가에 대하여 한번 알아보도록 하겠습니다.

일전에 대구자연과학고등학교에서 3년째 거행하고 있는 도시농업박람회의 구경을 하였습니다. 매년 참가 단체도 많아지고 관람객도 많아져서 이제 완전히 자리를 잡았구나 하는 생각이 들었습니다. 어른들에겐 옛 추억을 만날 수 있는 곳, 아이들에게는 교육의 장을 넓힐 수 있는 곳이고, 또 참가 단체로서는 농산물을 홍보할 수 있을 것이라는 공동의 이해가 맞아떨어져서이겠지요. 참 특이한 것은 나무에 소를 매어 놓은 것입니다. 옛날에는 온 동네에서 소가 큰 대접을 받았습니다. 길 한복판까지도 소똥이 발에 밟힐 지경이었는데, 도시에서 이렇게 소를 구경할 수 있다는 사실이 마냥 특이하게 느껴집니다.

소 하면 생각나는 것은 뭐니뭐니 해도 뿔이겠지요. 고사 지낼 때 쓰는 돼지 머리는 웃는 상이면 몇 만 원은 더 받을 수 있다고 합니다. 소도 뿔이 양쪽이 대칭을 이루며 안쪽으로 모양이 좋게 구부려져 있으면 가격을 더 받았다고 합니다. 급기야 소값을 더 받으려고 소뿔을 교정하려다 소가 죽는 지경에까지 이르는 일도 발생했지요. 그것이 교각살우(矯角殺牛)인데, 어떤 일의 결과를 좋게 하려다 오히려 그르친다는 뜻으로 쓰입니다.

짐작건대 위 사진 정도 되면 소 값을 좋게 받았을 것 같습니다. 이 소를 나타내는 우(牛)자는 바로 소의 정면을 표현한 것입니다. 그러나 소의 정면 전체를 다 표현한 것은 아닙니다. 그 중에서도 소의 머리만 표현한 것이지요.

소의 머리만 남으면 위의 모양이 되겠지요. 이 소의 머리를 로고로 삼아 한때 프로 스포츠계를 휘어잡던 농구팀이 있었죠? 바로 시카고 불스입니다.

시카고 불스의 이 로고는 한자 '소 우(牛)'자를 보고 착안한 것이 아닌가 하는 생각이 들 정도입니다. 한편 소의 두개골을 멋지게 그려서 유명해진 화가도 있습니다. 끝이 좋지는 않지만 사진가인 남편 스티글리츠에게만 누드 모델을 서 주고 자신은 화가로 유명했던 조지아 오키프입니다. 소의 두개골 앞에서 찍은 사진도 있고, 또 꽃을 과도하게 확대해서 그려 당대에는 외설스럽다는 평가도 받았지만 지금은 엄연히 미국이 자랑하는 세계적인 여류화가로 인정받고 있습니다.

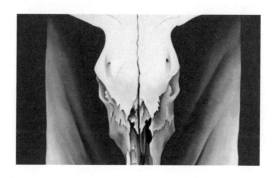

그러나 오키프는 소의 두개골만 그린 것이 아닙니다. 사슴이나 양 등의 사막에 버려진 여러가지 동물의 두개골도 많이 그렸습니다. '소 우(牛)'자를 소개하기 위한 도론이 좀 길어졌네요. 다음은 '소 우'자의 시대별 모습입니다.

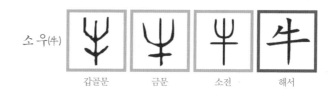

소의 머리 모양은 갑골문에서 가장 잘 표현을 하였는데 위쪽으로 휜 획이 뿔을 나타냅니다. 그리고 세로의 긴 획은 소의 머리에서 주둥이쪽 방향의 모습입니다. 거기에 딸린 대칭형 사선은 눈의 모양입니다. 이 모양이 금문으로 오면서부터 평형으로 바뀌었습니다.

옛날에는 지금과 달리 소는 큰 재산이었습니다. 당시에는 소가 부의 척도이기도 했습니다. 잔치를 할 때면 "소 몇 마리를 잡았다"느니, 자식들 대학 보내느라 "소를 몇 마리 팔았다"느니 하는 소리가 일상적으로 들릴 정도였으니 말입니다. 그래서 사람들은 지금만큼 대량의 시스템을 갖추지는 않았지만 여유만 있으면 소를 사서 길렀습니다. 요즘 말로는 방목이라고 하지만 옛날에는 소를 친다고 했죠. 시조에도 "소 치는 아이는 상기 아니 일었느냐"라는 구절이 있잖아요. 실상은 소뿐만 아니라 동물들은 모두다 친다고 하였습니다. 가축을 치는 것이지요.

위의 그림은 목동이 회초리를 들고 소를 부리고 있는 모습입니다. 이렇게 소를 부리려면 소를 통제할 수 있는 도구가 필요한데 이것이 바로 회초리인 것이죠. 소 옆에서 소를 부리는 회초리를 들고 있는 글자가 바로 '칠 목(牧)'자입니다. '칠 목'자는 아래와 같이 변했습니다.

칠 목(牧)

갑골문 금문 금문대전 소전 해서

한편 돼지나 양은 소에 비하자면 덩치가 작아 웬만한 잔치에서는 한 마리만 잡으면 다 먹을 수가 있었습니다. 반면에 소는 정말로 큰 연회가 아니면 한 마리를 잡았다 하면 다 먹을 수가 없습니다. 옛날 국가적 행사에서도 소-돼지-양을 한꺼번에 희생 제물로 올리는 것을 '태뢰(太牢)'라고 하였고, 반면 소뢰(小牢)라 하여 한 마리를 생략하는 의식이 있었는데, 당연히 소를 뺐습니다. 또 소는 잡으면 반으로 갈라서 보관을 했습니다. 그 글자가 '반 반(半)'자입니다.

반 반(半)

금문 소전 해서

소의 정면을 절반으로 가른 글자가 '반 반(半)'자라니 조금 끔찍한 생각이 듭니다. 그래도 소를 잡으면 고기가 생기는 이득 외에 해부학적으로도 많은 관찰을 할 수가 있습니다. 즉 소의 해체(解體)를 통해서 많은 것을 알 수 있게 된 것입니다. 소를 잡는다는 뜻에서 나온 글자가 '풀 해(解)'자입니다. 여기서 푼다는 것은 말 그대로 해체, 분해하는 것입니다. 위에서 말했듯이 소를 분해하면 우리는 소에 대해서 더 많이 알게 됩니다. '풀 해(解)'자가 속속들이 깊이 안다는 이해(理解)라는 뜻으로 쓰이게 된 이유입니다.

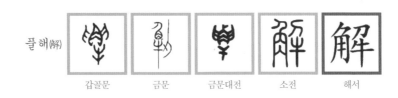

풀 해(解)

갑골문　　금문　　금문대전　　소전　　해서

지금은 '소 우(牛)'자가 오른쪽 밑으로 밀려나고 그 위의 글자는 '칼 도 (刀)'자로 바뀌었지만 원래는 손을 나타내는 글자였습니다. 위 갑골문에 두 손으로 소의 머리에서 뿔을 잡아당겨 해체하는 모습이 분명하지 않습니까?

뿔이 달린 동물 중에서 소를 제외하면 가장 먼저 떠오르는 동물이 무엇일까요? 제각기 떠오르는 동물들이 있게 마련이겠지만 많은 이들이 양을 꼽을 것입니다.

양이 멋지게 생겼네요. 머리의 뿔이 돋보이는 모습을 한 산양을 한번 살펴볼까요?

『시튼 동물기』에 나오는 산양왕 크레이그가 이렇게 생겼을 것 같습니다. 소와 양은 둘 다 뿔이 있는 동물입니다만 차이점은 뿔의 모양입니다. 뿔이 안쪽으로 휘면 소, 바깥쪽으로 휘면 양입니다.

양의 두개골만 정면에서 보면 위와 같은 모습입니다. 양은 옛날부터 희생 제물로 많이 쓰여서인지 기물로 남아 있는 모습도 많습니다.

위의 유물은 상나라 때의 청동기입니다. 사방에 양의 머리 모습이 달려 있습니다. '양 양(羊)'자도 소 우자와 마찬가지로 양의 머리만 정면에서 보고 그린 것입니다. 다음은 '양 양(羊)'자가 시대적으로 변화한 모습입니다.

양양(羊)

갑골문   금문   금문대전   소전   해서

위 글자를 보면 '양 양(羊)'자에 들어가는 석 삼(三)자의 제일 위의 획은 실은 바깥쪽으로 휜 뿔의 모양이 바뀌어서 그렇게 된 것임을 알 수 있습니다. 금문까지도 바깥쪽으로 뺐었다가 아래로 꺾인 모습이 관찰되는데 소전에서는 획이 분리되면서 수평으로 바뀐 것이죠.

또 뿔이 아름다울 뿐만 아니라 굉장히 순한 동물도 있습니다. 바로 사슴입니다.

어린이들과는 다를지도 모르겠지만, 30대 후반부터는 사슴 하면 맨 처음 떠오르는 이미지가 바로 아기사슴 '밤비'일 것입니다. 월트 디즈니의 애니매이션 주인공인데 현대에 문화 콘텐츠가 얼마나 중요한 것인가를 잘 일깨워 주는 사례일 것입니다. 위의 사진은 마치 아름다운 꽃사슴 밤비의 모델이 된 사슴인 것 같습니다. 순해 보이는 눈망울에 가는 다리가 멋진데도 뭔가 어색합니다.

바로 뿔이 없는 것이죠? 사슴 하면 뿔입니다. 이 뿔 때문에 많은 사슴이 죽어 나가죠. 동양에서는 그래도 녹용(鹿茸)이라고 하는 뿔만 잘라서 약재로 쓰고 다시 풀어주는 경우가 많은데 서양에서는 머리만 박제하여 거실을 장식하기 위해서 많이 썼습니다. 그런 경우에는 거의가 아니라 100% 목숨을 잃게 마련이죠. 너무 잘 생겨도 골치가 아플 것이라는 생각을 합니다. 다음은 사슴을 나타낸 한자입니다.

사슴 록(鹿)

갑골문   금문   금문대전   소전   해서

갑골문을 보면 정말 멋있습니다. 위쪽으로 쭉쭉 뻗은 나무가지 같은 멋진 뿔과 커다란 눈망울, 그리고 아담한 몸체에 작은 다리까지…… 이런 경우에 바로 문자를 예술적 경지까지 끌어올렸다고 말할 수 있겠지요. 금문에서는 많이 간략화되었지만 금문대전에서부터는 다시 갑골문의 주요 요소를 다 포함하고 있습니다.

이렇게 아름다운 외모를 가져서일까요? 록(鹿)자는 아름답다는 뜻을 가진 한자에 등장을 합니다. 이 글자가 바로 '고울 려(麗)'자입니다. 한번 보실까요?

고울 려(麗)

금문　　　금문대전　　　소전　　　해서

　사실상 '사슴 록(鹿)'자와 다를 바 없는 '고울 려(麗)'자는 아름다운 뿔이 '한 쌍'이라는 것을 강조한 글자입니다. 이렇게 한 쌍을 강조하다 보니 짝이라는 뜻을 가진 한자에도 '고울 려(麗)'자가 들어갑니다. 바로 '짝 려(儷)'자입니다. 두 구절씩 자수(字數)를 맞추어 가며 문법도 같이 적용하는 문장을 변려문(騈儷文)이라고 합니다. 두 마리 말이 나란히 달리듯 짝을 맞춘 문장이라는 뜻입니다. 중국 남북조시대에 크게 유행을 했지요.

　뿔이라는 특징 하나로 만들어진 한자들이 참 많네요. 이외에 기린(전설상의) 같은 일각수를 나타낸 치(廌: 해태) 등도 있지만 어디까지나 상상의 동물이므로 여기서는 더 이상 언급하지 않겠습니다.

새

鳥, 隹, 雉, 雞(鷄), 烏, 鳴, 集, 隻

이번에는 날짐승인 새와 관련된 한자들을 한번 살펴보도록 하겠습니다. 새 하면 떠오르는 것이 무엇일까요? 우선 날개가 있죠. 그러나 여기서는 새라면 다 있는 날개보다는 새를 구분할 수 있는 기준이 될 만한 꼬리를 가지고 한번 이야기를 풀어나가 보겠습니다.

꿩 두 마리가 막 날기 시작하고 있습니다. 꿩은 옛날에 주로 겨울철에

매를 이용하여 많이 잡았습니다. 특히 설날 먹는 떡국용 꾸미의 재료로 많이 썼습니다. 담백한 맛이 일품인데 꿩이 안 잡히면 닭으로 대신하기도 했지요. '꿩 대신 닭'이라는 말은 여기서 나온 것입니다. 꿩은 수놈을 장끼, 암놈을 까투리라고 합니다. 장끼와 까투리의 가장 큰 차이점은 색깔도 있지만 뭐니뭐니 해도 꼬리의 길이죠. 화려한 색에 긴 꼬리를 가진 놈이 바로 장끼입니다. 이런 사정은 닭도 비슷합니다.

역시 수탉이 색도 화려하고 꼬리도 깁니다. 거기다가 벼슬까지 갖추고 있으니 아주 위풍당당하죠. 장끼와 수탉처럼 꼬리가 긴 닭을 나타내는 한자가 바로 '새 조(鳥)'자입니다. 금문을 보면 부리와 날개, 발의 형상이 완연합니다.

새 조(鳥)

갑골문　　금문　　금문대전　　소전　　해서

비교적 순해 보이고 벼슬도 좀 작은 닭입니다. 암탉이지요.

꿩도 마찬가지입니다. 색깔도 수수하고 꼬리도 길지 않습니다. 고등학교 때로 기억됩니다. 생물 시간에 동물에 대해 배웠는데 여성이 훨씬 아름다운 사람과는 다르다는 것입니다. 대부분 수컷보다 암컷이 더 예쁜데 이유가 분명합니다. 적자생존의 한 방법이라는데, 닭과 꿩은 색시보다 신랑이 더 멋있고 잘 생겼습니다. 역시 예외없는 법칙은 없나 봅니다. 이렇게 꼬리가 짧은 새를 나타내는 글자가 바로 '새 추(隹)'자입니다.

새 추(隹)

| 갑골문 | 금문 | 금문대전 | 소전 | 해서 |

'새 추(隹)자는 현재는 단독으로는 쓰이지 않는 글자입니다. 그러나 부수(部首)자로는 제법 많이 쓰이고 있습니다. 갑골문에는 조(鳥)자가 없는 반면 '새 추(隹)'자는 갑골문부터 보이는 것을 보면 새를 기록할 때 조(鳥)자보다 훨씬 먼저 생겨났음을 알 수 있습니다. 그러나 시대의 흐름을 순순히 받아들여 지금은 주연에서 밀려나 조연 역할에 만족하는 글자가 되었습니다.

꿩은 한자로 '치(雉)'라고 합니다. 암컷이 사냥하기에 더 좋아서 그랬을까요? 아마 암컷을 보고 글자를 만들었나 봅니다. 반면에 닭은 한자로 두 가지 방법으로 쓰는데 '鷄'와 '雞'라고 씁니다.

닭 계(雞)

| 갑골문 | 금문 | 금문대전 | 소전 | 해서 |

닭을 나타내는 한자를 볼 때마다 드는 생각이 있습니다. 왠지 장닭을 쓸 때는 '鷄'로, 암탉을 쓸 때는 '雞'로 써야 할 것 같다는 생각입니다. 글자 하나가 많은 생각을 하게 합니다. 무슨 이유 때문인지는 모르겠지만 원래는 '雞'라는 한자를 보편적으로 썼는데 요즘은 달라졌습니다. '한글' 워드에 '雞'자가 2단계 한자로 분류되는 바람에 지금은 '鷄'자가 보편적으로

쓰이는 한자가 되었죠. 위 갑골문자는 벼슬이 있고 부리가 있는 닭의 모습을 잘 표현한 문자입니다. 금문대전부터는 해(奚)자를 음소인 성부로 받는 형성문자가 되었음을 알 수 있습니다. 그리고 조(鳥)자를 쓴 '鷄'자는 예서에 와서야 비로소 등장을 하게 됩니다. 꼬리 긴 닭이, 수탉이 없었던 것이 아니라 '딸 아들 구별 않고' 너도 나도 그냥 닭이었던 것이죠.

참 운명이 바뀌는 이유도 여러가지입니다. 얼마 전에 보니 네티즌들 때문에 문장부호가 많이 바뀌었더라구요. 그 시대 가장 보편적인 소통 체계가 새로운 트렌드를 만드는 것임을 느끼게 됩니다.

아, 그리고 또 닭! 하면 빼놓을 수 없는 것이 있죠? 바로 "꼬끼오!" 하는 닭의 울음소리입니다. 시계가 없던 시절 당당히 시간을 알리는 시보 (時報) 역할을 했던 추억의 소리입니다.

닭이 아주 우렁찬 소리로 우네요. 소리가 들리느냐구요? 뭐 귀로만 듣는 것이 아니잖아요. 어쨌든 간에 닭 울음소리로 가장 유명세를 탄 인물은 전국시대 사공자(四公子) 중 하나인 제나라의 맹상군(孟嘗君) 전문(田文)

이 아닌가 합니다. 진소왕(秦昭王)이 그가 현명하다는 말을 듣고 객경(客卿)으로 삼고자 부릅니다. 그러나 진나라 내부의 경쟁자들이 이 계획을 좌절시킬 뿐만 아니라 그를 억류하여 죽이려고까지 합니다. 이때 구도(狗盜)가 옷과 관련된 한자에서 언급한 적이 있는 호백구(狐白裘)를 훔쳐 이를 이용하여 일단 풀려납니다. 그러나 그만 한밤중에 함곡관에 이르러 다시 위기에 빠집니다. 이때 성대모사의 달인 계명(雞鳴)이 나서 멋진 초성을 뽑자 나머지 닭들이 모두 울어 무사히 진나라의 소굴에서 벗어나죠. 작년에 함곡관에 간 적이 있는데 그곳에 계명대(雞鳴臺)란 곳을 만들어 놓았더군요. 닭 울음소리만 녹음을 하여 일정 간격으로 틀어 주는 바람에 허탈한 웃음을 지었던 기억이 생생합니다.

울 명(鳴)

| 갑골문 | 금문 | 금문대전 | 소전 | 해서 |

이 명(鳴)자는 닭을 나타내는 새 조(鳥)자와 입 구(口)자를 써서 표현하였습니다. 갑골문에는 닭벼슬이 완연합니다. 금문에서는 꼬리가 긴 것 같고요. 그리고 너무 세게 울어서 입이 그만 툭 튀어나온 것 같습니다. 『서경(書經)』「목서편(牧誓篇)」에 보면 '옛 사람이 말하기를 암탉은 새벽에 울지 않는다. 암탉이 울면 집안이 망한다(古人有言曰, 牝鷄無晨, 牝鷄之晨, 惟家之索)'는 말이 있어서일까요? '울 명(鳴)'자는 꼬리가 긴 새인 조(鳥)자를 썼습니다. 그러면 꼬리가 짧은 새가 우는 것을 한자로 표현하면 어떻게 될까요? 문자상으로는 '새 추(隹)'자를 써서 '唯'자가 되겠죠. 그러나 이

글자의 훈은 '오직'이란 뜻으로 풀이합니다.

　한자의 자형으로 보면 새가 되다가 만 새가 있죠? 바로 까마귀입니다. '새 조(鳥)'자와 '까마귀 오(烏)'자의 가장 큰 차이점은 문자상으로 머리에 해당하는 부분의 획이 하나 적다는 것입니다. 그 한 획이 나타내는 것은 바로 눈입니다. 곧 옛날 사람들은 까마귀를 눈이 없는 새로 보고 문자로 표현을 한 것입니다. 그럼 까마귀는 정말 눈이 없을까요? 물론 눈이 없을 수는 없죠. 다만 눈도 까맣고 깃털도 온통 까맣게 생겨서 언뜻 관찰하기가 힘들 따름입니다. 그래도 옛날 문자를 만드는 사람들은 이런 점을 놓치지 않았습니다. 까마귀의 이런 특성 때문에 오(烏)자에는 '검다'는 뜻이 생겨나게 되었습니다. 색이 검은 대나무를 오죽(烏竹)이라 하고, 캄캄한 한밤중을 오야(烏夜)라고 하는 등의 예를 들 수 있습니다. 우리말로 한다면 회색을 쥐색이라 하는 것과 비슷합니다.

　어떻습니까? 위에 나온 새들에 비하여 확실히 눈을 찾기가 쉽지 않습니다. 위의 새들은 눈 흰자위 안에 까만 점이 있는 것이 또렷하게 보이는

데 까마귀는 다릅니다. 햇빛을 받으면 눈동자에 외부의 빛이 반사된 흰 점만 보이고 온통 까맣습니다. 그래도 까마귀는 백로 앞에서도 당당하기만 합니다. "까마귀 검다하고 백로야 웃지 마라. 겉이 검은들 속조차 검을 소냐. 겉 희고 속 검은 이는 너뿐인가 하노라." 까마귀는 한자로 다음과 같이 썼습니다.

까마귀 오(烏)

금문   금문대전   소전   해서

  '오(烏)'자가 갑골문에는 보이지 않는 것을 보니 그 시대에는 까마귀도 그냥 새였던 것 같습니다. 소전을 보면 그제야 조(鳥)자와 오(烏)자의 차이가 확연해집니다.

  새 세 마리가 한 나뭇가지에 함께 앉아 있네요. 이 모습을 나타낸 글자

는 '모을 집(鱻)'자입니다. 한자에서는 같은 글자를 세 번 쓰면 그보다 더 많을 수는 없다는 뜻이 됩니다. 나무(木)가 많이 보이면 숲(林)이 되고, 더 많아지면 그때는 정글(森)이 되는 것처럼 말이죠. 그래서 실제로 '모을 집(鱻)'자는 아마 아래의 사진 같은 모습을 보고 만들었을 것입니다.

그러나 실제로 '모을 집(鱻)'자는 옛 글자에는 나무에 앉아 있는 새를 세 마리나 표현을 하지 않았습니다. 세 마리를 표현하려니 너무 벅찼나 봅니다. 그래서 나무에 딱 한 마리만 앉아 있는 글자로 표현하였죠. 소전 에는 세 마리가 앉아 있는 다른 형태의 문자도 보입니다. 이 문자가 바로 '모을 집(集)'자입니다.

모을 집(集)

갑골문   금문   소전   해서

갑골문의 글자는 나무 위를 비행하는 새의 모습이 리얼합니다. 이제 내려 앉으려는 듯한 모양인 것 같은데 날개를 접고 다리를 내려 금문처럼 내려 앉겠죠. 아마 한 마리만 앉으면 곧 두 마리, 세 마리…… 히치콕의 영화 〈새〉처럼 금방 새들이 모두 모여들 것임을 알았나 봅니다.

'모을 집(集)'자를 보면 또 생각나는 게 있습니다. 왜 나무(木)에 꼬리 긴 새(鳥)는 날아와 앉지 않고 꼬리가 짧은 새(隹)만 날아와 앉아 있을까 하는 생각 말입니다. 그런데 가만 생각해 보니 꼬리가 긴 새들은 나무에 앉아 있는 것을 잘 못 본 것 같습니다. 거의가 꼬리가 짧고 덩치가 작은 기동성이 뛰어난 새들만 앉아 있는 것 같더라고요.

위에서 매를 이용해서 꿩 사냥을 한다는 말을 한 적이 있습니다. 새도

사실 훌륭한 먹이가 되는 것이 많았기 때문에 새를 잡는 것을 나타내는 한자가 일찍부터 있어 왔습니다. 베이비붐 세대가 어릴 때만 해도 참새 사냥하는 것을 심심찮게 봐 왔습니다. 포장마차에서는 참새구이를 파는 것도 색다른 풍경이 아니었을 정도였습니다. 이렇게 새를 잡는 장면을 묘사한 글자는 바로 '새 한마리 척(隻)'자입니다.

새 한마리 척(隻)

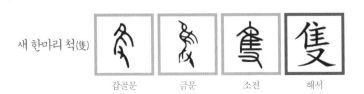

갑골문   금문   소전   해서

사냥 도구가 발달하지 않았던 시절 맨손으로 새를 잡으면 한 마리씩 밖에 못잡아서 그랬을까요? 훈이 '새 한마리'입니다. 그러나 지금은 그나마 원래의 훈대로 쓰이지 않고 단위사로 쓰입니다. 중국에서는 동물을 헤아릴 때 쓰이고, 시체를 헤아리는 데 쓰이기도 하는 모양입니다. 옛날 강시 영화가 유행할 때 〈제일척강시(第一隻僵尸)〉라는 영화가 있었습니다. 영어식으로 한다면 The first zombie쯤 되겠지요. 우리나라에서는 단위사로 쓰이면 배를 헤아릴 때 쓰입니다. 그리고 새를 잡는다는 원래의 뜻을 나타낸 글자는 '잡을 획(獲)'자로 바뀌어서 쓰이게 되었습니다. 획(獲)자 안에는 척(隻)자가 고스란히 들어 있지요.

그리고 새 두 마리를 손에 잡고 있는 한자도 있습니다. 이 글자는 바로 '두 쌍(雙)'자입니다. 이 글자는 잡는다는 뜻과는 다소 거리가 멀어 보입니다. 미리 잡은 새를 한꺼번에 두 마리씩 제단이라든가 왕이나 높은 사람에게 바치던 모습에서 나온 것 같습니다.

두 쌍(雙)

금문대전　　　소전　　　해서

　이 글자는 나중에 둘이 하나가 되는 사물을 헤아리는 단위사로 쓰이게 됩니다. 영어의 couple과 같은 뜻으로 쓰이게 되는 것이지요. 앞에서 수레를 설명할 때 비슷한 개념의 글자가 나왔었죠? 나중에 주로 량(輛)이란 뜻으로 쓰이게 되면서 단순하게 숫자 2를 나타내게 된 량(兩)자의 경우가 그렇습니다. 그러나 쌍(雙)자는 수사로 바뀐 량(兩)자처럼 배신을 하지 않고 지금도 오직 하나의 쌍을 이루는 사물을 헤아리는 데 쓰입니다. 그러나 두 개가 꼭 하나의 짝이 되어야 하는 것을 헤아리지는 않습니다. 쌍으로 헤아리는 부부, 젓가락 등은 물론 쌍수, 쌍둥이, 쌍무지개, 쌍꺼풀 등등······.

　한자를 한 자 한 자 공부하다 보면 그냥 한자 공부가 아니라 "세상의 모든 이치"를 배우는 듯한 생각이 듭니다.

전갈

萬, 蠆

아래 사진은 전갈입니다. 우리나라에는 거의 서식하지 않고 있지만 대부분의 사람들이 굉장히 치명적인 곤충이라고 생각하고 있습니다. 사람들이 그렇게 생각하는 이유는 아마 007 영화〈다이아몬드는 영원히〉같은 영화에서 사람을 죽이는 도구로 사용되거나〈스콜피온 킹〉같은 영화의 영향 때문이 아닐까요?

이 전갈을 위에서 보면 앞의 사진과 같은 모습을 띕니다.

앞으로 쭉 뻗은 두 개의 집게발, 그리고 한쪽으로 휜 꼬리. 저 꼬리에 강한 독이 있는데 사실상 면역력이 아주 떨어지는 갓난 아기나 노인이 아니면 웬만해서는 전갈에 쏘여서 목숨을 잃는 경우까지는 거의 없다고 하네요. 영화 한 편의 위력이 그 정도입니다. 이런 집게발과 꼬리라는 전갈의 가장 특징적인 부분을 잡아내어 만든 한자가 있습니다. 바로 '일만 만(萬)'자입니다.

일만 만(萬)

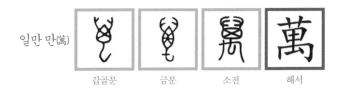

갑골문 　　　금문 　　　소전 　　　해서

이 전갈은 우리나라에서는 한자로는 '全蠍'이라고 하고 또 '全蝎'이라고도 표기를 합니다. 위 한자에서는 앞쪽으로 뻗은 두 집게발이 초두(艹)의 모양으로 바뀌었습니다. 나머지는 몸통과 꼬리 부분을 나타내었습니다. 몸통의 모양은 많이 간략화하였지만 꼬리 부분의 선은 소전에까지도 그대로 남아 있습니다.

그런데 전갈은 번식력이 무척 강하였습니다. 이 글자의 훈이 '일만'인 것을 보면 한 번 알을 낳았다 하면 만 개는 낳았나 봅니다. 물론 그럴 리는 없었겠지만 하여튼 강한 번식력으로 많다는 뜻으로 차용되게 되었고, 또 나아가 숫자 만(萬)이라는 뜻으로도 쓰이게 되었습니다.

한자는 원래 글자의 뜻이 바뀌면 해당 부수자를 붙여서 뜻을 보존합니다. 당연히 전갈은 곤충이니 충(虫)자가 붙겠죠. 그래서 나온 자가 '蠆'

자인데 특이하게도 음이 채라고 합니다. 이런 경우 보통은 같은 계열의 음, 이를테면 순음은 같은 순음 계열로 또 모음은 같은 모음으로 나가는 것이 일반적입니다. 그런데 이 글자만은 어디에도 적용이 되지 않습니다. 참고로 이 '蠆'자도 금문에 보이는데 다음과 같이 생겼습니다.

전갈 채(蠆)

금문　　　소전　　　해서

사실상 위에 나온 '일만 만(萬)'자의 자형과 거의 차이가 없음을 알 수 있습니다. 일설에 의하면 꼬리가 긴 전갈을 채(蠆)라 하고, 꼬리가 짧은 전갈을 갈(蠍)이라 하였다고 합니다. 소전의 자형을 가지고 비교를 해보면 그런 것 같기도 합니다. 어쨌든 전갈을 나타내는 원래 글자는 만(萬)이었고, 만이 많다는 뜻으로 차용되어 더이상 전갈이라는 뜻으로 쓰이지 않게 되자 새로 만든 글자가 채(蠆)입니다. 이상에서는 전갈을 나타내는 한자인 만(萬), 채(蠆), 갈(蠍, 蝎)에 대하여 알아보았습니다.